Michael Holoubek
Hans Peter Lehofer
Dragana Damjanovic

Grundzüge des
Telekommunikationsrechts

SpringerNotes
Rechtswissenschaft

SpringerWienNewYork

Univ.-Prof. Dr. Michael Holoubek
Institut für Verfassungs- und Verwaltungsrecht
Wirtschaftsuniversität Wien
Wien, Österreich

Dr. Hans Peter Lehofer
Österreichische Gesellschaft für Telekommunikationsregulierung m.b.H.
Wien, Österreich

Mag. Dragana Damjanovic
Institut für Verfassungs- und Verwaltungsrecht
Wirtschaftsuniversität Wien
Wien, Österreich

Das Werk ist urheberrechtlich geschützt.
Die dadurch begründeten Rechte, insbesondere die der Übersetzung, des Nachdruckes, der Entnahme von Abbildungen, der Funksendung, der Wiedergabe auf photomechanischem oder ähnlichem Wege und der Speicherung in Datenverarbeitungsanlagen, bleiben, auch bei nur auszugsweiser Verwertung, vorbehalten.

© 2000 Springer-Verlag/Wien
Printed in Austria

Satz: Reproduktionsfertige Vorlage der Autoren
Druck: MANZ, A-1050 Wien
Graphisches Konzept: Ecke Bonk

Gedruckt auf säurefreiem, chlorfrei gebleichtem Papier -- TCF
SPIN: 10770437

Die Deutsche Bibliothek – CIP-Einheitsaufnahme
Ein Titeldatensatz für diese Publikation ist bei
Der Deutschen Bibliothek erhältlich

ISBN 3-211-83521-0 Springer-Verlag Wien New York

VORBEMERKUNG

Dieses Skriptum ist als Unterlage zur Vorlesung „Telekommunikationsrecht" entstanden, die seit dem Wintersemester 1998/99 am Institut für Verfassungs- und Verwaltungsrecht der Wirtschaftsuniversität Wien angeboten wird. Ziel des Skriptums ist eine Einführung in die Grundbegriffe des europäischen Telekommunikationsrechts und seiner innerstaatlichen Umsetzung im Telekommunikationsgesetz und im Telekommunikationswegegesetz, ein Überblick über die wichtigsten Regelungsbereiche und der Versuch, grundlegende Regelungsstrukturen dieses Rechtsbereichs aufzuzeigen. Bemüht haben wir uns dabei insbesondere auch, die jeweils hinter einzelnen Regelungskomplexen stehenden politischen und wirtschaftlichen Zielsetzungen deutlich zu machen. Das Skriptum ist freilich eine Lehrveranstaltungsunterlage, kein Lehr- oder Handbuch. Eine Lösung strittiger Auslegungsfragen, die das Telekommunikationsrecht nur allzu häufig aufwirft, wird man daher in den meisten Fällen vergeblich suchen. Vielleicht ist es aber zur Lösung derartiger Rechtsprobleme schon hilfreich, mit dem vorliegenden Skriptum einen geschlossenen Überblick über diesen Rechtsbereich zur Verfügung zu haben, der hilft Zusammenhänge und Querverbindungen, aber auch Widersprüche und Regelungslücken besser zu erkennen.

Das vorliegende Skriptum ist im Rahmen eines größeren Forschungsprojekts zum Telekommunikationsrecht entstanden, das am Institut für Verfassungs- und Verwaltungsrecht der Wirtschaftsuniversität Wien durchgeführt wird. Es stellt insofern auch einen ersten Schritt hin zu einer umfassenderen wissenschaftlichen Aufarbeitung dieses Rechtsbereichs dar. Dieses Forschungsprojekt wird wesentlich durch die Unterstützung durch den Jubiläumsfonds der Oesterreichischen Nationalbank getragen. Dafür möchten wir uns schon an dieser Stelle ebenso herzlich bedanken wie für die hinzutretende Unterstützung durch die Hochschuljubiläumsstiftung der Stadt Wien und die Telekom Austria AG.

Über Anregungen und Kritik würden wir uns sehr freuen!

Wien, im März 2000

Michael Holoubek/Hans Peter Lehofer/Dragana Damjanovic

INHALTSVERZEICHNIS

I. EINFÜHRUNG 1
A. HISTORISCHE UND WIRTSCHAFTLICHE HINTERGRÜNDE DES TELEKOMMUNIKATIONSRECHTS 1
B. GRUNDBEGRIFFE UND TECHNISCHE GRUNDLAGEN 3
C. TELEKOMMUNIKATION UND MEDIEN 8

II. DIE ENTWICKLUNG DES TELEKOMMUNIKATIONSRECHTS AUF EUROPÄISCHER EBENE 10
A. DIE RECHTSGRUNDLAGEN FÜR LEGISLATIVE MASSNAHMEN DER GEMEINSCHAFT .. 10
1. Allgemeines 10
2. Art 86 Abs 3 EGV 10
3. Art 95 EGV 11
B. DIE LIBERALISIERUNG DER TELEKOMMUNIKATIONSMÄRKTE 12
C. DIE HARMONISIERUNG DER TELEKOMMUNIKATIONSMÄRKTE 14
D. EU-REGELUNGEN IM ÜBERBLICK 16
E. AKTUELLER STAND DES EUROPÄISCHEN TELEKOMMUNIKATIONSRECHTS 17

III. DAS ÖSTERREICHISCHE TELEKOMMUNIKATIONSGESETZ VOR DEM EUROPÄISCHEN HINTERGRUND 18
A. DIE UMSETZUNG IN ÖSTERREICH 18
B. DER REGELUNGSINHALT DES TKG 1997 19

IV. BEHÖRDENSTRUKTUR 21
A. EUROPARECHTLICHE VORGABEN 21
B. BEHÖRDEN NACH DEM TELEKOMMUNIKATIONSGESETZ 1997 21
C. FERNMELDEBEHÖRDEN 22
D. REGULIERUNGSBEHÖRDE 23

V. TELEKOMMUNIKATIONSDIENSTE UND LIZENZIERUNG 28
A. EUROPARECHTLICHER HINTERGRUND 28
B. TELEKOMMUNIKATIONSDIENSTE 28
C. KONZESSIONSVERFAHREN 30
D. RECHTE UND PFLICHTEN DER KONZESSIONSINHABER 30
1. Geschäftsbedingungen und Entgelte 31

VI. WEGERECHTE 33
A. EUROPARECHTLICHE HINTERGRUND 33
B. DIE REGELUNGEN DES TKG UND TWG 33
1. Überblick 33
2. Begründung neuer Leitungsrechte 34
   a) Leitungsrechte an öffentlichem Gut 34
   b) Leitungsrechte an Privatgrundstücken 34
3. Mitbenutzung bestehender, anderen Zwecken dienender Infrastruktureinrichtungen 34
4. Mitbenutzungsrechte 35
5. Rechtsdurchsetzung 35

VII. VERWALTUNG KNAPPER RESSOURCEN 37
A. VERWALTUNG VON FREQUENZEN 37
B. VERGABE FÜR KONZESSIONSPFLICHTIGE MOBILFUNKDIENSTE 39
C. DIE DRITTE MOBILFUNKGENERATION 41
D. RUFNUMMERNVERWALTUNG 42

VIII. UNIVERSALDIENST 44
A. ALLGEMEINES 44
B. UNIVERSALDIENSTPOLITIK DER EU 45
1. Allgemeines 45
2. Umfang des Universaldienstes 45
3. Finanzierung des Universaldienstes 45
C. UNIVERSALDIENST IN ÖSTERREICH 46
1. Begriff Universaldienst 46
2. Qualität des Universaldienstes 47
3. Erbringer des Universaldienstes 47
4. Finanzierung des Universaldienstes 47

IX. WETTBEWERBSREGULIERUNG 49
A. MARKTBEHERRSCHUNG UND MISSBRAUCHSKONTROLLE 49
B. NETZZUGANG UND ZUSAMMENSCHALTUNG 52
C. ENTBÜNDELUNG 54

X. KUNDENSCHUTZ 56
A. ALLGEMEINES 56
B. DATENSCHUTZ UND FERNMELDEGEHEIMNIS 56
1. Allgemeines 56
2. Datenschutz 57
   a) Stammdaten 57
   b) Vermittlungsdaten 57
   c) Inhaltsdaten 58
3. Fernmeldegeheimnis 58
   a) Fangschaltung 58
   b) Teilnehmerverzeichnis 58
   c) Entgeltnachweis 58

ABKÜRZUNGSVERZEICHNIS **59**

ANHANG **61**
TELEKOMMUNIKATIONSGESETZ **61**
TELEKOMMUNIKATIONSWEGEGESETZ **98**

I. EINFÜHRUNG

A. HISTORISCHE UND WIRTSCHAFTLICHE HINTERGRÜNDE DES TELEKOMMUNIKATIONSRECHTS

Vor mehr als 150 Jahren begann die Epoche der Telegraphie und in der Folge die des Telefons. Bald nach der, anfangs privatwirtschaftlichen Markteinführung, wurde die Telekommunikation in den meisten Ländern zum staatlichen Monopol erklärt und mit der staatlichen Briefpost organisatorisch zusammengelegt.

Die Gründe dafür waren vielfältig. Zunächst standen vor allem machtpolitische Erwägungen im Vordergrund, da die Informationsnetze naturgemäß von großer militärischer Bedeutung waren. Darüber hinaus spielten, aufgrund der schon immer großen ökonomischen Bedeutung dieses Marktes, auch fiskalische Überlegungen eine Rolle. In der Folge wurde die so genannte „**Theorie des natürlichen Monopols**" zur zentralen ökonomischen Rechtfertigung für die Monopolstruktur im Bereich der Post und Telekommunikation. Diese Theorie besagt, dass der Markt unter dem Gesichtspunkt makroökonomischer Effizienz nur einen Anbieter verträgt. So nahm man an, dass die Nachfrage nach Netzkapazität unter Wettbewerb nur teurer oder schlechter befriedigt werde. Ergänzt wurde dieses ökonomische Argument mit dem **Argument staatlicher Daseinsvorsorge**. Dabei kommt dem Staat die Aufgabe zu, für die Bereitstellung und den Betrieb von öffentlichen Einrichtungen, die für das Leben unter den Bedingungen der technischen Zivilisation erforderlich sind, zu sorgen. Dazu gehören etwa der Bau von Straßen, die Bereitstellung von Ver- und Entsorgungseinrichtungen (z.B. Gaswerke, Wasserwerke, Müllabfuhr), von Kultur- und Bildungseinrichtungen (z.B. Schulen und Universitäten), die Bereitstellung von Rundfunk und vieles mehr.[1] Auch das Telekommunikationswesen war lange Zeit ein typisches Beispiel staatlicher Leistungsverwaltung. Dabei besorgte der Staat, mehr oder weniger eingebunden in die staatliche Verwaltung, sowohl den Netzbetrieb als auch die Erbringung der Telekommunikationsdienste selbst. Durch die staatlichen Markteingriffe sollte die Errichtung einer effizienten und flächendeckenden Infrastruktur und die Versorgung der gesamten Bevölkerung sichergestellt werden.

Ausgelöst durch die wirtschaftspolitischen Neuorientierungen, insbesondere in den USA und in Großbritannien, wo man sich seit den achtziger Jahren verstärkt in Richtung liberalisierte Wirtschaftspolitik bewegte, kam es auch im Telekommunikationssektor zu einem grundsätzlichen Umdenken in der Vorstellung, welche Rolle der Staat zu spielen hat.

So begann sich seit dem Jahre 1984 auch in Europa die Politik im Telekommunikationsbereich rasch zu entwickeln. Dabei sind als wesentliche Faktoren, die zu einem Aufbrechen der staatlichen Monopole innerhalb von Europa geführt haben, zu nennen:
- Enorme **technische Fortschritte**. Insbesondere digitale Technologien und neue Kompressionsmethoden führen zur Ausdehnung von Übertragungskapazität und zur Entwicklung einer Reihe neuer Dienste.[2]
- Hohe **wirtschaftliche Potentiale** werden prognostiziert. Dabei geht man zum einen von einem hohen Wirtschaftswachstum im Telekommunikationswesen selbst aus. Zum ande-

---

[1] Ausführlicher zur staatlichen Daseinsvorsorge siehe *Funk*, Einführung in das österreichische Verfassungsrecht Rz 276 ff.
[2] Zu den neuen Diensten siehe auch unten Punkt I.C.

ren wird aber auch die Bedeutung der Telekommunikation und insbesondere der Ausbau neuer hochwertiger Kommunikationsinfrastrukturen für das allgemeine Wachstum des Marktes für Dienstleistungen betont.

- Es kommt zur **internationalen Umstrukturierung** des Telekommunikationssektors, insbesondere nachdem die USA erste Schritte zur Liberalisierung setzt, ziehen alle wichtigen Industrienationen nach. Weltweit werden die Telekommunikationsmärkte dem Wettbewerb geöffnet.[3]
- **Internationalisierung** der Telekommunikationsmärkte. Die Entwicklung neuer Technologien hat zum Ausbau neuer grenzüberschreitender Dienste geführt. Die Globalisierung der Kommunikation wird dabei wesentlicher Antriebsmotor für die Globalisierung der Weltwirtschaft.

Vor diesem Hintergrund hat die EG auf Initiative der Europäischen Kommission in nur zehn Jahren schrittweise alle Märkte für Telekommunikationsdienstleistungen und für die Bereitstellung von Telekommunikationsinfrastrukturen mit dem 1.1.1998 vollständig liberalisiert.

Die Liberalisierung der Telekommunikationsmärkte ist allerdings **nicht** mit einer **Deregulierung**, das heißt Abschaffung jeglicher Regelungen, gleichzusetzen. Vielmehr hat die Öffnung der Telekommunikationsmärkte eine **verstärkte Regulierung** notwendig gemacht.[4] Solange der Telekommunikationsmarkt durch staatliche Monopole geprägt war, erübrigte sich eine Wettbewerbsordnung. In einem liberalisierten Umfeld bedarf die Umsetzung bestimmter ordnungspolitischer Ziele allerdings einer rechtlichen Ordnung. Vor allem machen die besondere Umstände des Telekommunikationssektors, wo auch nach der Liberalisierung die ehemaligen staatlichen Monopolunternehmen eine Vormachtstellung einnehmen, eine besondere sektorspezifische Regulierung notwendig, die dem Entstehen von de facto Monopolen und dem Ausnützen der beherrschenden Stellung entgegenwirken soll.

Weiters hat der Staat auch in einem Wettbewerbsmarkt dafür zu sorgen, dass eine flächendeckende Versorgung der Bevölkerung mit bestimmten Diensten gewährleistet wird. Vor der Marktöffnung wurde diese Aufgabe im Rahmen der Daseinsvorsorge von den ehemaligen staatlichen Telekommunikationsorganisationen besorgt. In einem wettbewerblichen Markt besteht nun die Gefahr, dass es ohne regulierende Eingriffe in Marktbereichen, in denen Verluste zu erwarten sind, zu Versorgungslücken kommt. Der Staat muss dafür sorgen, dass die Aufgaben, die er früher im Rahmen der staatlichen Daseinsvorsorge selbst erbracht hat, nun auch in einem offenen Markt erbracht werden. Dies bezeichnet man vor allem in der deutschen Literatur als **Privatisierungsfolgenverantwortung**[5] des Staates, beziehungsweise spezifisch für die so genannten Infrastrukturbereiche (Telekommunikation, Energie, Wasserversorgung) als **Infrastrukturverantwortung**[6,7].

Somit bedeutet **Liberalisierung insgesamt an deutliches Mehr an Regulierung**.

Derzeit stellt die Telekommunikation unbestrittener maßen jenen Sektor der Daseinsvorsorge dar, dessen Liberalisierung am weitesten fortgeschritten ist.[8] Dabei leistet der Tele-

---

[3] Für einen internationalen Vergleich siehe *Harms*, Die Entwicklung der Informationsgesellschaft im internationalen Vergleich in *Tauss/Kollbeck/Mönikes (Hrsg)*, Deutschlands Weg in die Informationsgesellschaft (1996), 481.
[4] Siehe dazu *Holoubek*, Liberalisierung und Regulierung im Telekommunikationsbereich, 100 Jahre Wirtschaftsuniversität Wien, Festschrift – dargebracht vom Fachbereich Rechtswissenschaft (1998) 307ff (315f).
[5] Vgl. *Bauer*, Privatisierung von Verwaltungsaufgaben, VVDStRL 54 (1995), 243ff (279).
[6] Näheres dazu *Hermes*, Staatliche Infrastrukturverantwortung (1998); für Österreich siehe *Holoubek*, FS-Wirtschaftsuniversität Wien, 321.
[7] In Deutschland ist dies im Art 87ff GG verfassungsrechtlich ausdrücklich verankert. Danach „...gewährleistet der Bund im Bereich des Postwesens und der Telekommunikation flächendeckend angemessene und ausreichende Dienstleistungen."
[8] Im Vergleich etwa zum Energiesektor.

kommunikationssektor einen wesentlichen Beitrag zum Wirtschaftswachstum der Europäischen Union. Dies beweisen die Zahlen im neuesten Bericht der Europäischen Kommission über die Umsetzung des Reformpakets für den Telekommunikationssektor.[9] Danach wird das Volumen der einzelstaatlichen Märkte 1999 rund 161 Mrd. Euro erreichen, was einer Steigerung gegenüber 1998 um knapp 7% entspricht. Der Markt der Mobilfunkdienste hat durchschnittlich um rund 16% zugelegt. Auf Österreich umgelegt bedeutet dies ein Marktvolumen von ungefähr 45 Mrd. Schilling bei einer jährlichen Wachstumsrate um die 3,6% bei der Sprachtelefonie und von rund 15% im Mobilfunkbereich.

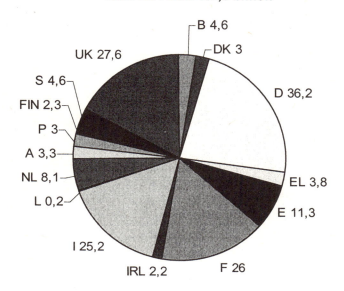

Source: EITO 99

B. GRUNDBEGRIFFE UND TECHNISCHE GRUNDLAGEN[10]

In diesem Kapitel sollen einige technische Grundbegriffe, die zum Verständnis von bestimmten Vorschriften des Telekommunikationsrechts notwendig sind, geklärt werden.

Unter „**Telekommunikation**" versteht man gemäß § 3 Z 13 TKG den technischen Vorgang des Aussendens, Übermittelns und Empfangens von Nachrichten jeglicher Art in der Form von Zeichen, Sprache, Bildern oder Tönen mittels dazu dienender technischer Einrichtungen. Vereinfacht ausgedrückt werden Nachrichten in Form von Signalen über Telekommunikationsinfrastrukturen übertragen.

Dabei umfasst der Begriff „**Telekommunikationsinfrastruktur**" konkret nur die Übertragungswege, d.h. das Telekommunikationsnetz und die dazugehörigen Einrichtungen (diverse Vermittlungsstellen, Schnittstellen, etc.). Der Transport, d.h. die Übertragung und die Vermittlung von Nachrichten, ist ein **Telekommunikationsdienst**. Telekommunikationsdienste werden in Basis- und Mehrwertdienste unterteilt.

---

[9] Mitteilung der Kommission: Fünfter Bericht über die Umsetzung des Reformpakets für den Telekommunikationssektor vom 11.11.1999, KOM(1999)537, abrufbar unter http://www.ispo.cec.be
[10] Für einen Überblick zu den technischen Grundlagen siehe auch *Holznagel,* Das Telekommunikationsrecht der BRD (1998), abrufbar unter: http://www.uni-muenster.de/Jura/tkr.

So stellt die Sprachtelefonie etwa einen **Basisdienst**[11] dar, wo den Nutzern eine bestimmte Netzkapazität zur Verfügung gestellt wird, über welche Nachrichten transportiert werden. Die Art der Kommunikation, d.h. der Inhalt der Nachrichten, ist dabei Sache der Nutzer. Bei den **Mehrwertdiensten** werden neben Übertragungs- und Vermittlungsfunktionen auch Speicher- und Verarbeitungsfunktionen bereitgestellt. Somit gehört etwa das Verschicken von E-mails zu den Mehrwertdiensten.[12]

Schematische Struktur des Telefonnetzes der Telekom Austria:

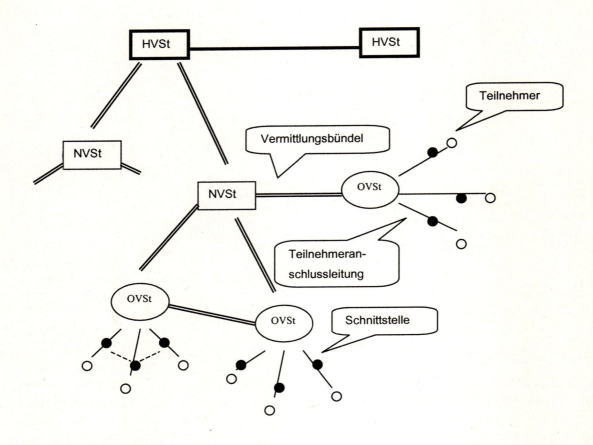

HVSt...... Hauptvermittlungsstelle
NVSt...... Netzvermittlungsstelle
OVSt...... Ortvermittlungsstelle

---

[11] Neben der Sprachtelefonie zählen Paketvermittlungs-, Durchschaltvermittlungs-,Telex, Telegraphen, Telefaxdienste, private Mietleitungsdienste und dgl. zu den Basistelekommunikationsdiensten.
[12] Neue Technologien haben zu einer großen Anzahl solcher neuen Dienste geführt. Siehe ausführlicher dazu auch unten Punkt I.C.

In der Regel ist das Telefonnetz der ehemaligen Monopolunternehmen hierarchisch aufgebaut. D.h. die Vermittlungsstellen bestehen auf verschiedenen Ebenen. So gibt es Orts-, Netz- und Hauptvermittlungsstellen. Diese Vermittlungsstellen sind untereinander verbunden. Je nachdem wohin man einen Anruf tätigt, wird dieser über diverse Vermittlungsstellen zum Angerufenen weitergeleitet. Die Entwicklung geht dahin, die Zahl der Vermittlungsstellen zu reduzieren, und die verbleibenden Vermittlungsstellen verstärkt untereinander zu vermaschen (so dass etwa Anrufe zwischen Ortsnetzen, die an sich verschiedenen HVSt-Bereichen angehören, nicht mehr unbedingt über die HVSt geführt werden müssen, sondern auch über „Querwege" ohne Berührung der obersten Netzebene geführt werden).

Das globale Telekommunikationsnetzwerk besteht natürlich aus einer Vielzahl von verschiedenen Netzwerken. So setzt sich dieses aus nationalen und internationalen Netzen zusammen. Das nationale Netz ist eine Kombination aus öffentlichen und privaten Netzen. Öffentliche Netze sind der Allgemeinheit zugänglich, während private Netze zum Beispiel für ein Unternehmen eingerichtet werden und nur diesem zugänglich sind. Es wird zwischen Fest- und Mobilnetzen unterschieden[13]. Im Festnetzbereich wird – vor allem auch im Hinblick auf die Rechtsvorschriften betreffend die Kostenrechnung – zwischen dem Kernnetzwerk und dem Teilnehmerzugangsnetzwerk unterschieden.

Diese Teilnehmerzugangsnetze stellen die so genannte **„letzte Meile"**[14], die Teilnehmeranschlussleitung vom Netzabschlusspunkt beim Teilnehmer – der „Telefondose" – bis zum Hauptverteiler bei der Ortvermittlungsstelle, dar. Dieser Bereich, der einen direkten Zugang zum Teilnehmer ermöglicht, befindet sich zu fast 100% im Eigentum der Telekom Austria und stellt somit für die **alternativen Telekommunikationsbetreiber**[15] einen gravierenden Engpass („**bottleneck**") dar. Eine Alternative zum Telefonnetz bieten derzeit nur die Kabelfernsehnetze. Deshalb werden neue Technologien, wie etwa die Funkanbindung der Teilnehmeranschlussleitung (=drahtlose Teilnehmeranschlussleitung, wireless local loop) immer wichtiger, um auch im Bereich der letzten Meile mehr Wettbewerb zu ermöglichen.

Um Telekommunikationsdienste anbieten zu können ist man von der Telekommunikationsinfrastruktur abhängig. Diese Telekommunikationsinfrastruktur befindet sich, auch nach der vollständigen Liberalisierung des Telekommunikationsmarktes, zu einem großen Teil in den Händen der ehemaligen Telekommunikationsmonopolisten. Deshalb sind Regeln, die neuen Wettbewerbern den Zugang zu diesen Netzen ermöglichen sollen, von großer Bedeutung. Die Europäische Gemeinschaft hat hierfür ein Regelungswerk geschaffen, dass einen offenen, gleichen und effizienten Zugang zu und die Nutzung von öffentlichen Telekommunikationsnetzen und –diensten ermöglichen soll. Diese Regelungen werden als **Open Network Provision (ONP)** bezeichnet.

Die **Zusammenschaltung**[16] von Netzen stellt hierbei eine Sonderform des Netzzugangs dar. Alternative Telekommunikationsbetreiber beginnen nun auch ihre eigenen Netze aufzubauen, mit denen sie allerdings derzeit in der Regel nur einen kleinen Kreis von Kunden erreichen. Nur die Telekom Austria als ehemaliges Telekommunikationsmonopolunternehmen verfügt über ein flächendeckendes Netz. Somit kommt der Zusammenschaltung von Netzen

---

[13] Zur Vermeidung von Missverständnissen ist zu beachten, dass im Festnetz Teilnehmer auch über Funkanbindungen – etwa über Richtfunkverteilsysteme – an das Netz angeschlossen sein können, und auch ein Mobilnetz benötigt in der Regel eine umfangreiche leitungsgebundenen Infrastruktur z.B. zur Anbindung von Basisstationen.
[14] Im Englischen: „local loop".
[15] Als alternative Telekommunikationsbetreiber werden jene Unternehmen bezeichnet, die nach der Öffnung der Telekommunikationsmärkte neben den ehemaligen Telekommunikationsmonopolunternehmen nun auch Telekommunikationsnetze betreiben und/oder –dienste anbieten.
[16] Zum rechtlichen Rahmen für die Zusammenschaltung siehe näheres unten Punkt IX.B.

für die alternativen Betreiber eine hohe Bedeutung zu. Nur wenn die Kunden der alternativen Telekommunikationsbetreiber auch die Kunden der Telekom Austria anrufen können, macht die Schaffung von Wettbewerb Sinn. Damit Telekommunikationsnetze zusammenarbeiten können, bedarf es Vereinbarungen zwischen den verschiedenen Netzbetreibern hinsichtlich der wirtschaftlichen und technischen Aspekte der **Übergabe und Übernahme** und der **Weiterleitung des Verkehrs in beziehungsweise aus dem fremden Netz**.[17]

Zusammenschaltung – Netzübersicht:

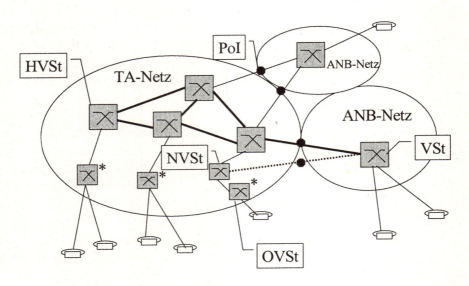

*TA-Teilnehmer können an einer OVSt oder direkt an einer NVSt angeschlossen sein

Quelle: Telekom Control

HVSt	Hauptvermittlungsstelle
NVSt	Netzvermittlungsstelle
OVSt	Ortvermittlungsstelle
ANB	Alternative Netzbetreiber
PoI	Point of Interconnection (=Netzübergangspunkte, an denen der Verkehr zwischen den Netzen übergeben wird)
TA-Netz	Netz der Telekom Austria

So müssen die verschiedenen Netzbetreiber die **Übergabepunkte** (Point of Interconnection), das sind die Schnittstellen, wo die Netze miteinander verbunden werden, festlegen. In der Regel sind die alternativen Netzbetreiber nur mit dem Netz der Telekom Austria und nicht auch direkt mit anderen alternativen Netzbetreibern zusammengeschalten, da der Verkehr zwischen Kunden verschiedener alternativer Betreiber derzeit nur ein vergleichsweise geringes Volumen erreicht und dieser Verkehr im Weg eines Transits über die Telekom Austria zugestellt werden kann.

---

[17] Siehe dazu *Geppert/Ruhle/Schuster*, Handbuch Recht und Praxis der Telekommunikation (1998) Rz. 304 ff.

Will man nun ein Gespräch über einen alternativen Netzbetreiber führen, ohne direkt bei diesem angeschaltet zu sein, wählt man eine Netzvorwahl (10xx; die Nummerierungsverordnung[18] spricht von der „**Zugangskennzahl**"[19] und der „**Betreiberkennzahl**"[20]. Dies wird als „**call-by-call**" Verfahren[21] bezeichnet. Dabei hat man bei jedem Telefongespräch die Möglichkeit, indem man eine Netzvorwahl eingibt, die Telefongesellschaft, die das Gespräch dann führt und auch abrechnet, zu wählen[22]. Beim „**Preselection-Verfahren**" ist das Wählen der Netzvorwahl nicht erforderlich, da auf Grund einer dauerhaften Voreinstellung des Verbindungsnetzbetreibers alle Gespräche automatisch über die Leitungen des Preselection-Anbieters geführt werden. Dieses Verfahren wird erst im Laufe des Jahres 2000 praktisch möglich sein.

Durch die Auswahl eines anderen Verbindungsnetzbetreibers wird das Gespräch von der Telekom Austria zum Übergabepunkt des alternativen Netzbetreibers geroutet, diesem übergeben und das Gespräch über dessen Netz geführt. Für diese Gespräche erhält der Kunde eine gesonderte Abrechnung des alternativen Netzbetreibers. Die Gesprächszuführung an das Netz des alternativen Betreibers wird als **Originierung** bezeichnet.

Will nun ein Teilnehmer, der an das Netz eines alternativen Betreibers angeschlossen ist, einen Teilnehmer der Telekom Austria anrufen, wird dieses Gespräch am Übergabepunkt von der Telekom Austria übernommen und über deren Netz ihrem Teilnehmer zugestellt. Die Übernahme des Gesprächs zur Anrufzustellung bezeichnet man als **Terminierung**.

Nun ist es auch möglich, dass ein Teilnehmer eines alternativen Netzbetreibers einen Teilnehmer eines anderen alternativen Netzbetreibers anruft, auch wenn deren Netze nicht zusammengeschaltet sind. In diesem Fall wird das Gespräch an das Netz der Telekom Austria übergeben, durch deren Netz **transitiert**, um dann wiederum an das Netz des anderen alternativen Betreibers übergeben zu werden.

Für all diese Leistungen der Telekom Austria hat der alternative Betreiber (und umgekehrt) ein Zusammenschaltungsentgelt zu zahlen, das sich nach der jeweils erbrachten Leistung der Telekom Austria und nach der Anzahl der Vermittlungsstellen, über welche die Gespräche durchgeführt werden, bemisst, zu zahlen.

Übersicht: Von der Telekom Control Kommission festgelegte Entgelte[23] (Festnetz):

- Terminierung regional: 0,25 ATS/min
- Terminierung national: 0,33 ATS/min
- Terminierung lokal: 0,14 ATS/min
- Originierung regional: 0,28 ATS/min
- Originierung national: 0,55 ATS/min
- Originierung lokal: 0,17 ATS/min
- Transit regional: 0,053 ATS/min
- Transit national: 0,104 ATS/min

Quelle: Telekom Control

---

[18] Dazu näher siehe unten bei VII.D. (FN 167)
[19] Das ist die Zahl 10.
[20] Das sind die zwei oder drei weiteren Stellen hinter der 10.
[21] D.h. die Verbindungsnetzbetreiberauswahl bei jedem einzelnen Gespräch.
[22] Voraussetzung dafür ist natürlich eine vertragliche Vereinbarung mit dem ausgewählten Verbindungsnetzbetreiber.
[23] Stand: 1.1.2000

C. TELEKOMMUNIKATION UND MEDIEN

Dieses Skriptum soll einen Überblick über das Recht der Telekommunikation geben. Dafür ist es notwendig, den Gegenstand dieses Regelungsrahmens, die „Telekommunikation", näher zu betrachten.

Das Telekommunikationsgesetz 1997[24] definiert, indem sie die Begriffsbestimmungen der einschlägigen Telekommunikationsrichtlinien der EU übernimmt, in §3 Z13 TKG, Telekommunikation als „den technischen Vorgang des Aussendens, Übermittelns, Empfangens von Nachrichten jeglicher Art in der Form von Zeichen, Sprache, Bildern oder Tönen mittels dazu dienender technischer Einrichtungen". Konkret handelt es sich bei der Telekommunikation um die **interaktive** und **private** Kommunikationsform, die unter dem Begriff Individualkommunikation zusammengefasst wird.

Nicht erfasst vom Telekommunikationsrecht ist insbesondere der **Rundfunk**[25], der als „die für die Allgemeinheit bestimmte Verbreitung von Darbietungen aller Art in Wort, Ton und Bild unter Benützung elektrischer Schwingungen ohne Verbindungsleitung beziehungsweise längs oder mittels eines Leiters"[26], definiert wird, worunter die **öffentliche,** d.h. an die Allgemeinheit gerichtete und **einseitige** Form der Massenkommunikation verstanden wird. Der elektronische Kommunikationssektors hat sich von Anfang an getrennt in Telekommunikation und Rundfunk entwickelt[27]. Die Unterscheidung beruht im Wesentlichen auf der analytischen Trennung zwischen **Individual- und Massenkommunikation**. Dabei wird die Massenkommunikation dem Rundfunk zugeordnet, während die Telekommunikation als Individualkommunikation gekennzeichnet ist. Diese Unterteilung in private und öffentliche Kommunikation führte zu unterschiedlichen Regulierungsmodellen, die an den jeweiligen Besonderheiten dieser Sektoren ausgerichtet sind.

Dabei ist die **Inhaltsregulierung** (Meinungsvielfalt, kulturelle Aufgaben, Jugendschutz, etc.) im traditionellen Rundfunksektor, der als Massenmedium ein hohes Beeinflussungspotential hat, sehr stark ausgeprägt[28]. Der Telekommunikationssektor, der auf die individuelle Nutzung abzielt, ist hingegen inhaltsneutral reguliert. Für die Vollziehung der Gesetze sind jeweils unterschiedliche Behörden eingerichtet. Die Zuständigkeit obliegt bei der Telekommunikation dem Bundesminister für Wissenschaft und Verkehr, bzw. den Fernmelde- und Regulierungsbehörden[29], beim Rundfunk dem Bundeskanzler bzw. den Rundfunkbehörden (Kommission zur Wahrung des Rundfunkgesetzes[30], Privatrundfunkbehörde[31] und die Kom-

---

[24] Bundesgesetz betreffend die Telekommunikation (Telekommunikationsgesetz – TKG), BG 19.8.1997 BGBl 1997/100 idF BGBl 1998/98, 1999/27, 1999/159 und 1999/188. Siehe Anhang. Der aktuelle Gesetzestext ist im www auf der Website der Telecom-Control-GmbH (http://www.tkc.at) verfügbar.

[25] § 3 Z 14 TKG zählt Rundfunk und Fernsehrundfunk ausdrücklich nicht zu den Telekommunikationsdiensten.

[26] Gemäß Art I Abs 1 BVG-Rundfunk (Bundesverfassungsgesetz über die Sicherung der Unabhängigkeit des Rundfunks, BGBl 1974/396).

[27] Nachzulesen bei *Latzer*, Mediamatik – Die Konvergenz von Telekommunikation, Computer und Rundfunk (1997), 49 ff.

[28] Vgl. Art. I Abs 2 BVG-Rundfunk: „Die näheren Bestimmungen für den Rundfunk und seine Organisation sind bundesgesetzlich festzulegen. Ein solches Bundesgesetz hat insbesondere Bestimmungen zu enthalten, die die Objektivität und Unparteilichkeit der Berichterstattung, die Berücksichtigung der Meinungsvielfalt, die Ausgewogenheit der Programme, sowie die Unabhängigkeit der Personen und Organe, die mit der Besorgung der in Abs 1 genannten Aufgaben betraut sind, gewährleisten."

[29] Ausführlicher zur Behördenorganisation nach dem TKG siehe unten Punkt IV.

[30] §25 RFG (Bundesgesetz über die Aufgaben und die Einrichtung des österreichischen Rundfunks [Rundfunkgesetz – RFG] BGBl 1984/379 idF BGBl I 1999/1)

[31] §13 RRG (Bundesgesetz mit dem Regelungen über regionalen und lokalen Hörfunk erlassen werden [Regionalradiogesetz – RRG] BGBl 1993/506 idF BGBl I 1999/2

mission zur Wahrung des Regionalradiogesetzes [zugleich Kommission zur Wahrung des Kabel- und Satellitenrundfunkgesetzes][32]).

Neue technologische Entwicklungen, insbesondere die Digitalisierung, ermöglichen es nun, die **unterschiedlichen Dienste mittels derselben Plattform** zu übertragen. Aus der Gleichartigkeit des digitalen Übertragungsprinzips ergibt sich auch eine **Integrationsfähigkeit der verschiedenen Medien**, die „zur Entwicklung von neuen Diensten, so genannten **Multimediadiensten**, geführt hat. Zu diesen neuen Diensten zählen etwa Video On Demand, Data Broadcast, Home-Shopping, Homebanking und vieles mehr. Solche Dienste kombinieren in der Regel Charakteristiken der Telekommunikation und des Rundfunks. Das heißt, sie stehen zwischen der traditionellen Individualkommunikation, die der Telekommunikation zugeordnet wird, und der herkömmlichen Massenkommunikation nach Art des Rundfunks. Dieses „Zusammenwachsen" von Individual- und Massenkommunikation bzw. von Telekommunikation und Rundfunk bezeichnet man mit dem Schlagwort „**Konvergenz**"[33] Dabei vollzieht sich die Konvergenzentwicklung auf verschiedenen Ebenen, weshalb zwischen der technischen, der unternehmensbezogenen und der Konvergenz der Dienste zu unterscheiden ist. Somit beginnen die Grenzen zwischen Individual- und Massenkommunikation zu verschwimmen, weshalb es immer schwieriger wird, die neuen Dienste entweder der Telekommunikation oder dem Rundfunksektor zuzuordnen. Aus der jeweiligen Zuordnung der Dienste ergeben sich derzeit allerdings noch unterschiedliche Rechtsfolgen. Dies führt zu Unsicherheiten bei den Marktteilnehmern, was die Marktentwicklung hemmt. Der traditionelle Rechtsrahmen ist somit unter Reformdruck geraten.

---

[32] § 21 RRG
[33] Siehe dazu auch die Ausführungen weiter unten bei Punkt II.E.

II. DIE ENTWICKLUNG DES TELEKOMMUNIKATIONSRECHTS AUF EUROPÄISCHER EBENE[34]

A. DIE RECHTSGRUNDLAGEN FÜR LEGISLATIVE MASSNAHMEN DER GEMEINSCHAFT

1. Allgemeines

Im EG-Vertrag finden sich keine eigenen Bestimmungen zum Telekommunikationsrecht. Dieses hat sich vielmehr aus einer Vielzahl von Richtlinien, die auf zwei verschiedenen Kompetenzgrundlagen beruhen, entwickelt. Die **Liberalisierungsrichtlinien**, die primär die Abschaffung der besonderen und ausschließlichen Rechte zum Ziel haben, stützen sich dabei auf Art 86 Abs 3 EGV (ex Art 90 Abs 3 EGV), während die **Harmonisierungsrichtlinien**, die eine Angleichung der Rechtsordnungen der Mitgliedstaaten anstreben, auf Art 95 EGV (ex Art 100a EGV) basieren. Dieses Nebeneinander von Liberalisierungs- und Harmonisierungsrichtlinien war notwendig, da allein durch die Öffnung der Märkte kein wirksamer Wettbewerb hergestellt werden konnte. Um den Zugang der neuen Wettbewerber zu den Netzen der ehemaligen Telekommunikationsmonopolisten sicherzustellen, waren vielmehr weitere regulatorische Maßnahmen erforderlich. Somit war die Schaffung eines zur Liberalisierung **begleitenden harmonisierten Regelungsrahmens** zur **Verwirklichung der Ziele eines gemeinschaftsweiten Binnenmarktes** von großer Bedeutung.

2. Art 86 Abs 3 EGV[35]

Art 86 Abs 1 EGV sieht vor, dass Mitgliedstaaten in Bezug auf **öffentliche Unternehmen** und auf **Unternehmen, denen sie besondere oder ausschließliche Rechte gewähren**, keine **Maßnahmen** treffen oder beibehalten, die dem EGV im Allgemeinen und im Besonderen seinen Wettbewerbsregeln widersprechen. Von der Anwendung der Vertragsregeln auf Unternehmen, die mit **Dienstleistungen von allgemeinen wirtschaftlichen Interesse** betraut sind, lässt Art 86 Abs 2 EGV unter bestimmten Voraussetzungen Ausnahmen zu. Art 86 Abs 3 EGV überträgt der Kommission die Aufsicht über die Einhaltung der ersten beiden Absätze dieses Artikels und ermächtigt sie somit erforderlichenfalls Richtlinien oder Entscheidungen an die Mitgliedstaaten zu erlassen, um die Einhaltung der Wettbewerbsregeln sicherzustellen.

Diese Bestimmung bildet aus der Sicht der Europäischen Kommission die **Grundlage für sämtliche Liberalisierungsmaßnahmen**[36] im Telekommunikationsbereich. Dabei hat das Verfahren nach Art 86 Abs 3 EGV den entscheidenden Vorteil, dass weder der Rat noch das Europäische Parlament in den Rechtsetzungsprozess einbezogen werden müssen. Diese Richtlinien wurden somit von der Kommission, die sich dabei nicht in der Abhängigkeit von den Mitgliedstaaten befand, alleine erlassen, was das rasche Vorgehen beim Liberalisierungsprozess überhaupt erst ermöglichte.

---

[34] Siehe dazu auch *Baker & Mc Kenzie,* Telecommunications in Europe[4] (1998), 4ff.; *Long,* Telecommunications Law and Practice[2] (1995), 223 ff.
[35] Näher zu öffentlichen und monopolartigen Unternehmen im Regelungssystem des EGV siehe *Emmerich,* Monopole und öffentliche Unternehmen, in: *Dauses,* Handbuch des EU-Wirtschaftsrechts[2] (1999), Band 2, H.II, 1, Rdnr. 87ff; *Potacs,* Öffentliche Unternehmen, in: *Raschauer (Hrsg.),* Grundriss des österreichischen Wirtschaftsrechts (1998), 355ff (Rz 927ff.)
[36] Dazu im Einzelnen siehe unten bei Punkt II.B.

Nicht zuletzt aus diesem Grund bestanden anfänglich Kontroversen über die Zulässigkeit Art 86 Abs 3 EGV als Grundlage für die Erlassung vieler für den Telekommunikationsprozess relevanter Richtlinien heranzuziehen. Die Frage, ob Art 86 EGV überhaupt auf das staatliche Fernmeldewesen anwendbar ist, das heißt, ob es sich bei den ehemaligen Telekommunikationsorganisationen überhaupt um Unternehmen im Sinne des Art 86 EGV handelt, wurde bereits 1985 im Fall „**British Telecom**"[37] geklärt. Hier ist der EuGH von einem funktionellen Unternehmensbegriff ausgegangen, der jede Einheit, die eine wirtschaftliche Tätigkeit ausübt, unabhängig von ihrer Rechtsform, erfasst. Somit handelte es sich bei den ehemaligen Telekommunikationsmonopolisten entweder auf Grund der Eigentumsverhältnisse oder auf Grund der ihnen vom Staat gewährten ausschließlichen oder besonderen Rechte, um Unternehmen im Sinne des Art 86 EGV.

In der ersten Liberalisierungsrichtlinie, der Endgeräterichtlinie[38], hat die Kommission alle ausschließlichen und besonderen Rechte hinsichtlich der Einfuhr und des Vertriebs von Endgeräten mit der Warenverkehrsfreiheit als unvereinbar erklärt und diese somit, gestützt auf Art 86 EGV, aufgehoben. Gegen die Endgeräterichtlinie wurde von etlichen Mitgliedstaaten gemäß Art 230 EGV (ex Art 173 EGV) Nichtigkeitsklage erhoben und dabei vorgebracht, dass die Kommission mit der Aufhebung der besonderen und ausschließlichen Rechte ihre Befugnisse überschritten hat. Art 86 EGV setze das Bestehen dieser Rechte voraus, womit die Begründung beziehungsweise Erhaltung dieser Rechte allein noch keine verbotene Maßnahme im Sinne des Art 86 EGV darstellen könne. Hierzu stellte der EuGH[39] jedoch fest, dass Art 86 EGV zwar von der Existenz von ausschließlichen und besonderen Rechten ausgeht, diese deshalb aber nicht notwendigerweise mit dem Vertrag vereinbar seien. Die besonderen und ausschließlichen Rechte sind vielmehr an den Wettbewerbsregeln und Grundfreiheiten des Vertrages zu messen, wobei der Kommission die Befugnis zukommt, die sich aus Art 86 Abs 1 EGV ergebenden Verpflichtungen allgemein durch den Erlass von Richtlinien zu konkretisieren und zu präzisieren. Die Kommission kann daher auch jene ausschließlichen und besonderen Rechte, die mit Art 86 Abs 1 EGV unvereinbar sind, durch Richtlinien gemäß Art 86 Abs 3 EGV entziehen.

3. Art 95 EGV

Neben der Liberalisierung des Telekommunikationsmarktes waren gemeinschaftliche Regelungen, die zu einer Angleichung der Rechtsordnungen der Mitgliedstaaten führen und somit einen gemeinschaftsweiten Binnenmarkt auch im Bereich der Telekommunikation verwirklichen sollen, notwendig.

Die Richtlinien, deren primäres Ziel die **Harmonisierung von Vorschriften** im Binnenmarkt ist, gründen sich auf Art 95 EGV und werden auf Vorschlag der Kommission vom Rat in Zusammenarbeit mit dem Europäischen Parlament erlassen. Der wesentliche Unterschied zu den Liberalisierungsrichtlinien liegt in der Einhaltung des Kodezisionsverfahrens nach Art 251 EGV (ex Art 189b EGV), wonach die Kommission, der Rat und das Parlament an der Rechtssetzung teilnehmen. Zu dieser zweiten Gruppe von Richtlinien zählt das **ONP-Rahmenrichtlinienwerk**[40].

---

[37] EuGH, Rs 41/83, British Telecommunications, Slg. 1985, 873.
[38] RL 88/301 der Kommission vom 16.Mai 1988 über den Wettbewerb auf dem Markt für Telekommunikations-Endgeräte, Abl. L 131 vom 27.05.1988, 73ff.
[39] EuGH, Rs C-188-190/80, Frankreich u.a./Kommission, Slg 1982.
[40] Siehe dazu im Einzelnen bei Punkt II.C.

B. DIE LIBERALISIERUNG DER TELEKOMMUNIKATIONSMÄRKTE

Im Jahre 1984 begann die Europäische Union mit der Veröffentlichung von zwei Empfehlungen zur Öffnung der Märkte und Durchführung der Harmonisierung[41] die ersten Schritte zur Liberalisierung der Telekommunikationsmärkte zu setzen. Den zentralen Ausgangspunkt der Liberalisierung bildete das 1987 von der Kommission veröffentlichte **Grünbuch über die Entwicklung des gemeinsamen Marktes für Telekommunikationsdienstleistungen und Telekommunikationsendgeräte**[42]. Darin legte die Kommission das Ziel fest, die Telekommunikationsmärkte in den Bereichen Endgeräte, Dienste und Netze zu öffnen.

Als **wesentliche Regelungsansätze** des europäischen Telekommunikationsrechts wurden genannt:
- **Harmonisierung** durch Angleichung der rechtlichen Rahmenbedingungen für die Errichtung von Telekommunikationsnetzen und die Erbringung von Telekommunikationsdienstleistungen;
- **Liberalisierung** durch schrittweise Aufhebung besonderer und ausschließlicher Rechte im Telekommunikationssektor;
- **Gewährleistung fairen und chancengleichen Wettbewerbs** durch Anwendung der Wettbewerbsregeln des EGV.

Die Liberalisierung der Telekommunikationsmärkte bedeutete jedoch nicht notwendig auch die Privatisierung der ehemaligen Telekommunikationsmonopolisten. Dies sieht das Gemeinschaftsrecht nicht vor, da nach Art 295 EGV (ex Art 222 EGV) die Eigentumsordnungen in den verschiedenen Mitgliedstaaten unberührt bleiben.

Im Jahre 1988 erließ die Kommission zunächst eine Richtlinie zur **Liberalisierung des Marktes für Telekommunikationsendgeräte**[43]. Diese Endgeräterichtlinie 88/301/EWG sah die Abschaffung aller ausschließlichen Rechte hinsichtlich des Imports, des Vertriebs und der Wartung von Endgeräten vor.

Die Telekommunikationsorganisationen – in Österreich etwa die „Post" – hatten bis dahin neben ihren unternehmerischen auch hoheitliche Tätigkeiten inne, wie z.B. die Zulassung von Endgeräten oder die Festlegung von Spezifikationen. Diese konnten sie in einem wettbewerblichen Umfeld nicht nebeneinander ausüben, da dies unweigerlich zu Diskriminierungen gegenüber ihren Wettbewerbern geführt hätte, hätten sie etwa über die Zulassung der Endgeräte ihrer Mitbewerber entscheiden können. Somit wurden die Mitgliedstaaten verpflichtet, die Trennung der behördlichen von den organisatorischen Tätigkeiten ihrer Telekommunikationsorganisationen zu gewährleisten.

Danach ging die Kommission daran, den **Bereich der Dienste** zu liberalisieren. Die Diensterichtlinie 90/388/EWG[44] stellt das zentrale Element der Liberalisierung des Telekommunikationssektors dar. Sie verpflichtete die Mitgliedstaaten alle ausschließlichen und besonderen Rechte für die Erbringung von Telekommunikationsdienstleistungen mit Ausnahme des Sprachtelefondienstes und einiger vom Anwendungsbereich der Richtlinie ausgenommener Dienstleistungen (Telexdienst, Mobilkommunikation) abzuschaffen. Die **Aufrechterhaltung der Monopolrechte hinsichtlich des Sprachtelefondienstes** wurde mit Art 86 Abs 2 EGV

---

[41] Empfehlung des Rates vom 12.11.1984 betreffend die Durchführung der Harmonisierung auf dem Gebiet des Fernmeldewesens (84/549/EWG), Abl. L 298 vom 16.11.1984, 49f.; Empfehlung des Rates vom 12.11.1984 betreffend die erste Phase der Öffnung der öffentlichen Fernmeldemärkte (84/550/EWG), Abl. L 298 vom 16.11.1984, 51f.
[42] Grünbuch über die Entwicklung des Gemeinsamen Marktes für Telekommunikationsdienstleistungen und Telekommunikationsendgeräte vom 30.6.1987, KOM(87) 290 endg.
[43] RL 88/301 der Kommission vom 16.Mai 1988 über den Wettbewerb auf dem Markt für Telekommunikations-Endgeräte, Abl. L 131 vom 27.05.1988, 73ff.
[44] RL 90/388/EWG der Kommission vom 28. Juni.1990 über den Wettbewerb auf dem Markt für Telekommunikationsdienste, Abl. L 192/10 v. 24.07.1990.

begründet. Gemäß Art 86 Abs 2 EGV sind Unternehmen, die mit Dienstleistungen von allgemeinem wirtschaftlichen Interesse betraut sind, von den Verpflichtungen des Vertrages befreit, wenn die Anwendung der Vorschriften die Erfüllung der ihnen übertragenen besonderen Aufgabe rechtlich oder tatsächlich verhindert. Die Liberalisierung des Sprachtelefondienstes, welcher – jedenfalls zum damaligen Zeitpunkt – die wesentliche ökonomische Grundlage der Monopol-Telekommunikationsbetreiber darstellt, hätte zu dem damaligen Zeitpunkt die Erbringung der besonderen Aufgabe, konkret die Bereitstellung einer flächendeckenden Infrastruktur, gefährdet.

Es wurde aber allgemein anerkannt, dass auch die Liberalisierung des Sprachtelefondienstes im Hinblick auf die Technologie- und Marktentwicklung unumgänglich sei, dies aber über einen längeren Zeitraum unter genauer Festlegung der Etappenziele zu geschehen habe, um dem Sektor die notwendige Stabilität zu geben. So legte der Rat in einer Entschließung vom 22.6.1993[45] den **1.1.1998 als Termin für die Liberalisierung** der Sprachtelefonie fest und forderte die Kommission zur Vorbereitung der notwendigen legislativen Maßnahmen bis zum 1.1.1996 auf. Weiters bekräftigte er die Kommission in ihrer Absicht, ein Grünbuch über Mobilfunk und ein Grünbuch über die künftige Politik betreffend Telekommunikationsinfrastruktur und Kabelfernsehnetze zu veröffentlichen.

Das im **Grünbuch zur Telekommunikationsinfrastruktur**[46] geäußerte Vorhaben der Kommission, die Beschränkungen der Nutzung von Infrastrukturen zunächst einmal für bereits liberalisierte Telekommunikationsdienste und ab dem 1.1.1998 vollständig zu beseitigen, wurde 1995 durch die Verabschiedung der Kabel-TV-Richtlinie[47] umgesetzt. Diese erlaubte die **Nutzung der Kabelfernsehnetze für Telekommunikationsdienste** mit Ausnahme der Sprachtelefonie. Ebenso wurde die im **Grünbuch zur Mobilkommunikation**[48] gestellte Forderung auf **Abschaffung aller bestehender ausschließlicher und besonderer Rechte im Mobilkommunikationsbereich** durch die RL 96/2/EG[49] realisiert.

Mit der Richtlinie 96/19/EG hinsichtlich der **Einführung des vollständigen Wettbewerbs auf den Telekommunikationsmärkten**[50] nahm die Kommission die Letzte der vorgesehenen Richtlinien zur Öffnung des Telekommunikationssektors für den Wettbewerb an. Diese so genannte Wettbewerbsrichtlinie sieht seit dem Erreichen des 1.1.1998 die **vollständige Liberalisierung der europäischen Telekommunikationsmärkte** durch die Aufhebung der zuletzt noch verbliebenen Monopole für einerseits die Errichtung und Bereitstellung von Telekommunikationsnetzwerken und andererseits die Erbringung von Sprachtelefondienstleistungen vor.

---

[45] Entschließung des Rates vom 22.Juli 1993 zur Prüfung der Lage im Bereich der Telekommunikation und zu den notwendigen künftigen Entwicklungen in diesem Bereich, Abl. C 213 v. 6.8.93., 1 ff.
[46] Grünbuch über die Liberalisierung der Telekommunikationsinfrastruktur und der Kabelfernsehnetze: Teil I – Grundsätze und Zeitrahmen vom 25.10.1994, KOM(94)440; Teil II – Ein gemeinsames Konzept zur Bereitstellung einer Infrastruktur für Telekommunikation in der Europäischen Union vom 25.01.1995, KOM(94)682.
[47] RL 95/51/EG der Kommission vom 18.Oktober 1995 zur Änderung der Richtlinie 90/388/EWG hinsichtlich der Aufhebung der Einschränkung bei der Nutzung von Kabelfernsehnetzen für die Erbringung bereits liberalisierter Telekommunikationsdienste, Abl L 256 v. 26.10.1995, 49 ff.
[48] Auf dem Weg zu Personal Communications: Grünbuch über ein gemeinsames Konzept für Mobilkommunikation und Personal Communications in der Europäischen Union vom 27.04.1994, KOM(94)145.
[49] RL 96/2/EG der Kommission vom 16.Jänner 1996 zur Änderung der Richtlinien 90/388/EWG betreffend die mobile Kommunikation und Personal Communications, Abl L 20 v. 26.1.96., 59 ff.
[50] RL 96/19/EG der Kommission vom 13. März 1996 zur Änderung der Richtlinie 90/388/EWG hinsichtlich der Einführung eines vollständigen Wettbewerbs auf den Telekommunikationsmärkten, Abl. L 74 v. 22.3.96., 13 ff.

C. DIE HARMONISIERUNG DER TELEKOMMUNIKATIONSMÄRKTE

Die Liberalisierung der Telekommunikationsmärkte beschränkte sich keineswegs auf die bloße Abschaffung von ausschließlichen und besonderen Rechten. Insbesondere um neuen Wettbewerbern den Zugang zu Infrastrukturen und Diensten der ehemaligen Telekommunikationsmonopolisten zu ermöglichen, waren weitere Maßnahmen notwendig. So stand neben der Liberalisierung der Märkte auch die Entwicklung von **Regelungen zum offenen Netzzugang (=Open Network Provision)** im Mittelpunkt der europäischen Telekommunikationspolitik.

Mit der am gleichen Tag wie die Diensterichtlinie vom Rat verabschiedeten **ONP-Rahmenrichtlinie**[51] wurde die **Grundlage für die Harmonisierung der Rechtsordnungen der Mitgliedstaaten** geschaffen. Ziel der Richtlinie ist die Schaffung offener und fairer Wettbewerbsvoraussetzungen durch die Harmonisierung der Bedingungen für den Zugang zu und die Nutzung von öffentlichen Telekommunikationsnetzen und –diensten.

Dabei sind die, in der ONP-Richtlinie entwickelten Grundsätze, auf folgende Bereiche anzuwenden:
- die Festlegung technischer Schnittstellen zur Eröffnung des Netzzugangs
- Benutzungsbedingungen für die Inanspruchnahme von Dienstleistungen
- Tarifgrundsätze

Die in Art 3 Abs 1 der ONP-Richtlinie festgelegten **ONP-Bedingungen** müssen:
- auf objektiven Kriterien beruhen
- transparent sein
- in geeigneter Weise veröffentlicht werden
- gleichen Zugang gewähren
- Diskriminierung ausschließen

Der Zugang zu Telekommunikationsnetzen und –diensten kann nur aus Gründen, die auf grundlegenden Anforderungen beruhen, beschränkt werden. Bei den **grundlegenden Anforderungen** handelt es sich um im allgemeinem Interesse liegende Gründe nichtwirtschaftlicher Art, zu deren Zweck Einschränkungen der Dienstleistungsfreiheit zulässig sind[52]. Grundlegende Anforderungen sind:
- Sicherheit des Netzbetriebs
- Aufrechterhaltung der Netzintegrität
- Interoperabilität von Diensten
- Datenschutz
- Umweltschutz
- Bauplanungs- und Raumordnungsziele
- effiziente Nutzung des Frequenzspektrums
- Verhinderung von Störungen zwischen Telekommunikationssystemen[53]

---

[51] RL 90/387/EWG des Rates vom 28.Juni.1990 zur Verwirklichung des Binnenmarktes für Telekommunikationsdienste durch Einführung eines offenen Netzzugangs (Open Network Provision –ONP), Abl. L 192 v. 24.7.90., 1 ff.

[52] Diese „grundlegenden Anforderungen gestalten sekundärrechtlich damit jene Gründe näher aus, von dem der EGV allgemein in seiner Rechtssprechung anerkennt, dass sie die mitgliedstaatlichen Beschränkungen der Dienstleistungsfreiheit zu rechtfertigen vermögen.

[53] Die grundlegenden Anforderungen werden erstmals in Art 3 Abs 2 RL 90/387/EWG definiert. Danach zählen zunächst nur die Sicherheit des Netzbetriebs, die Aufrechterhaltung der Netzintegrität, die Interoperabilität von Diensten und der Datenschutz zu den grundlegenden Anforderungen. Mit der Liberalisierung des Mobilfunkbereichs werden diese auf den Umweltschutz, Bauplanungs- und Raumordnungsziele, auf die effiziente Nutzung des Frequenzspektrums, sowie das Erfordernis, dass funkgestützte, raumgestützte oder terrestrische Anlagen sich nicht stören dürfen, ergänzt. (Art 1 Abs 1 RL 96/2/EG)

Als erste konkrete Maßnahme im Rahmen des ONP-Konzepts erließ der Rat im Juni 1992 die **ONP-Mietleitungsrichtlinie**[54], die einzelstaatlichen Bedingungen für den Zugang und die Nutzung von Mietleitungen der Telekommunikationsorganisationen auf der Grundlage der ONP-Bedingungen (=Objektivität, Transparenz, Nichtdiskriminierung) harmonisierte.

Die Richtlinie 95/62/EG zur **Einführung des offenen Netzzugangs beim Sprachtelefondienst**[55] war die dritte ONP-Richtlinie, die Liberalisierungsrichtlinien der Kommission ergänzte.

Auch nach der vollständigen Öffnung des Telekommunikationsmarktes konnten die allgemeinen Wettbewerbsregeln des EGV allein keinen echten Wettbewerb schaffen. Somit wurde die **ONP-Rahmenrichtlinie** aus dem Jahre 1990 **kontinuierlich an das liberalisierte Umfeld angepasst**, indem vor allem das Konzept der Telekommunikationsorganisationen durch das Konzept der Netzbetreiber mit beträchtlicher Marktmacht (= ehemalige Monopolisten) abgelöst wurde.

So wurde die Mietleitungsrichtlinie aus dem Jahre 1992 durch die vom Europäischen Parlament und dem Rat erlassene Richtlinie 97/51/EG zur Änderung der ONP-Rahmenrichtlinie und der Mietleitungsrichtlinie[56] an den freien Telekommunikationsmarkt angepasst.

Durch die Richtlinie 98/10/EG über die Anwendung des offenen Netzzugangs beim Sprachtelefondienst sowie den Universaldienst im Telekommunikationsbereich in einem wettbewerbsorientiertem Umfeld[57] wurde eine **Neufassung der Sprachtelefondienstrichtlinie** 95/62 vorgenommen. Die neue Sprachtelefondienstrichtlinie enthält ein überarbeitetes Regelwerk für den offenen Zugang zu öffentlichen Telefondiensten und zu festen öffentlichen Telefonnetzen und regelt weiters die Sicherstellung eines Universaldienstes, d.h. eines Mindestangebotes an Diensten von bestimmter Qualität, das allen Nutzern zu einem erschwinglichen Preis zur Verfügung steht.

Wesentlich für die Schaffung fairer Bedingungen in einem liberalisierten Telekommunikationsmarkt waren auch klare Bedingungen für die **Zusammenschaltung**[58] von Netzen und Diensten. Die Zusammenschaltungsrichtlinie 97/33/EG[59] schafft harmonisierte Bedingungen für die Zusammenschaltung von Telekommunikationsnetzen und der Interoperabilität von Telekommunikationsdiensten in der Gemeinschaft. Diese Richtlinie wurde durch die RL 98/61/EG hinsichtlich der **Übertragbarkeit von Nummern und der Betreibervorauswahl**[60] geändert.

---

[54] RL 92/44/EWG des Rates vom 5.Juni 1992zur Einführung des offenen Netzzugangs bei Mietleitungen, Abl L 165 v. 19.6.92., 27 ff.
[55] RL 95/62/EG des Rates vom 13.Dezember 1995 zur Einführung des offenen Netzzugangs beim Sprachtelefondienst, Abl. L 321 v. 30.12.95., 6 ff.
[56] RL 97/51/EG des Rates vom 6.Oktober 1997 zur Änderung der Richtlinien 90/387/EWG und 92/44/EWG zwecks Anpassung an ein wettbewerbsorientiertes Umfeld, ABl. L 295 v. 29.10.97., 23 ff.
[57] RL 98/10/EG des Rates vom 26.Februar 1998 über die Anwendung des offenen Netzzuganges beim Sprachtelefondienst und den Universaldienst im Telekommunikationsbereich in einem wettbewerbsorientierten Umfeld, Abl. L 101 v. 1.4.98, 24 ff.
[58] Ausführlicher dazu siehe unten Punkt IX.B.
[59] RL 97/33/EG des Rates vom 30.Juni 1997 über die Zusammenschaltung in der Telekommunikation im Hinblick auf die Sicherstellung eines Universaldienstes und der Interoperabilität durch Anwendung der Grundsätze für einen offenen Netzzugang, Abl. L 199 v. 26.7.97., 32 ff.
[60] RL 98/61/EG des Rates vom 24.September 1998 zur Änderung der Richtlinie 97/33/EG hinsichtlich der Übertragbarkeit von Nummern und der Betreibervorauswahl, Abl. L 268 v. 3.10.98, 37 ff; Siehe dazu unten Punkt VII.D.

Im Zusammenhang mit den ONP-Richtlinien ist auch die RL 97/13/EG über einen **gemeinsamen Rahmen für Allgemein- und Einzelgenehmigungen**[61] zu erwähnen. Darin werden gemeinsame Grundsätze für die Lizenzverfahren in den Mitgliedstaaten festgelegt.

Zuletzt ist noch die Richtlinie 1999/5/EG über Funkanlagen und Telekommunikationsendeinrichtungen und die gegenseitige Anerkennung ihrer Konformität[62] zu nennen. Mit dieser Richtlinie wird in der Gemeinschaft ein Regelungsrahmen für das Inverkehrbringen, den freien Verkehr und die Inbetriebnahme von Funkanlagen und Telekommunikationsendeinrichtungen festgelegt.

D. EU-REGELUNGEN IM ÜBERBLICK

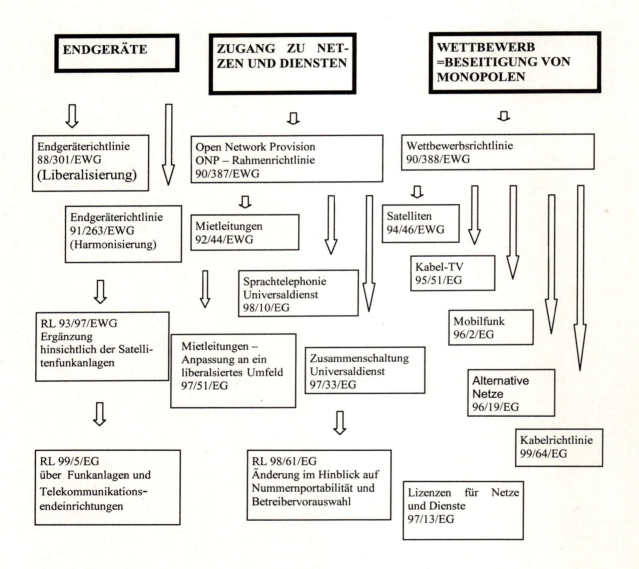

---

[61] RL 97/13/EG des Rates vom 10. April 1997 über einen gemeinsamen Rahmen für Allgemein- und Einzelgenehmigungen für Telekommunikationsdienste, Abl. L 117 v. 7.5.97., 15 ff; Näheres dazu siehe bei Punkt V.A.
[62] RL 99/5/EG des Rates vom 9.März 1999 über Funkanlagen und Telekommunikationsendeinrichtungen und die gegenseitige Anerkennung ihrer Konformität, Abl. L 91 v. 7.4.99, 10 ff.

E. AKTUELLER STAND DES EUROPÄISCHEN TELEKOMMUNIKATIONS-RECHTS

In den verschiedenen Richtlinien der EU wurde die Europäische Kommission verpflichtet nach der vollständigen Liberalisierung eine Überprüfung des Rechtsrahmens durchzuführen. Ergebnis dieses so genannten „**review 99**" war der „Kommunikationsbericht 99: Entwicklungen neuer Rahmenbedingungen für elektronische Kommunikationsinfrastrukturen und zugehörige Dienste."[63]

Darin stellt die Kommission fest, dass der bisherige Rechtsrahmen in erster Linie darauf ausgerichtet ist den Übergang zum Wettbewerb zu steuern. Er konzentriert sich somit auf die Schaffung eines wettbewerbsorientierten Marktes und die Rechte der neuen Marktteilnehmer. Nun ist die **Harmonisierung und Liberalisierung im Wesentlichen abgeschlossen**, weshalb dem **allgemeinen Wettbewerbsrecht zunehmende Bedeutung** beigemessen werden soll. Die als Ersatz für den Wettbewerb eingeführte Regulierung soll allmählich reduziert werden und sich nur mehr auf diejenigen Bereiche beschränken, in denen die politischen Ziele („Infrastrukturverantwortung")[64] durch Wettbewerb allein nicht erreicht werden können.

Weiters kommt es, aufgrund von technologischen Entwicklungen, zu einer Vermengung bisher getrennter Sektoren, insbesondere von Telekommunikation und Rundfunk. Diese Entwicklung wird unter dem Schlagwort **Konvergenz**[65] zusammengefasst. Konvergenz bedeutet, dass ein und derselbe Dienst, sowohl traditionelle Telekommunikationsdienste und Rundfunkdienste, als auch neue hybride Dienste (=Multimediadienste, die sowohl Charakteristiken der Telekommunikation als auch des Rundfunks in sich vereinen) über beliebige Übertragungsnetze erbracht werden können. Derzeit gelten aber für verschiedene Kommunikationsinfrastrukturen (mobile und feste Telekommunikationsnetze, Satellitennetze, Kabelfernsehnetze und terrestrische Rundfunknetze) unterschiedliche Regelungen. Der Kommunikationsbericht 1999 trägt dieser Entwicklung Rechnung und schlägt einen, gemäß dem Prinzip der Technologieneutralität, **neuen Rechtsrahmen**, der für **alle Kommunikationsinfrastrukturen** und **dazugehörige Dienste** gelten soll, vor.

Der neue Rechtsrahmen soll das derzeit geltende Gemeinschaftsrecht wesentlich vereinfachen und konsolidieren.
Danach sollen die geltenden Richtlinien auf folgende zusammengefasst werden:
Eine Rahmenrichtlinie, die Grundsätze und allgemeine Ziele enthalten soll.
Einzelrichtlinien zu:
- Genehmigungen
- Zugang und Zusammenschaltung
- Universaldienst
- privacy und Datenschutz

Generell soll der neue Rechtsrahmen zu einer Zurücknahme der regulatorischen Interventionen führen und durch so genanntes „**soft law**" ergänzt werden. Dabei handelt es sich um Maßnahmen, die keine direkten Sanktionsmöglichkeiten vorsehen, wie zB. Empfehlungen.

---

[63] Entwicklung neuer Rahmenbedingungen für elektronische Kommunikationsinfrastrukturen und zugehörige Dienste – Kommunikationsbericht 1999, KOM(1999)539. Abrufbar unter http://www.ispo.cec.be
[64] Siehe dazu oben Punkt I.A.
[65] Siehe dazu oben Punkt I.C.

III. DAS ÖSTERREICHISCHE TELEKOMMUNIKATIONSGESETZ VOR DEM EUROPÄISCHEN HINTERGRUND

A. DIE UMSETZUNG IN ÖSTERREICH

Im Hinblick auf die von der Europäischen Kommission zum 1.1.1998 festgesetzte vollständige Liberalisierung des Telekommunikationsmarktes galt es auch in Österreich die zwischenzeitlich erlassenen maßgeblichen **EU-Richtlinien in das innerstaatliche Recht umzusetzen.**

So wurde mit dem **Poststrukturgesetz 1996**[66] zunächst die ehemalige Post- und Telegraphenverwaltung (PTV) aus der staatlichen Verwaltung ausgegliedert und zur Besorgung der bis dahin von ihr wahrgenommenen Aufgaben eine Aktiengesellschaft, die PTA – Post und Telekom Austria AG – errichtet. Unternehmensgegenstand dieser Gesellschaft ist unter anderem die Erbringung von Leistungen und die Schaffung der dafür erforderlichen Voraussetzungen auf dem Gebiet des Telekommunikationsdienstes.

Mit dem **Telekommunikationsgesetz (TKG) 1997**[67], das gemeinsam mit dem **Telekommunikationswegegesetz (TWG)**[68] in Kraft trat und das bis dahin geltende **Fernmeldegesetz 1993**[69] ersetzte, wurde in Österreich dann auch der rechtliche Rahmen für die Einführung von Wettbewerb auf dem Telekommunikationsmarkt geschaffen.

Das TKG wird durch Verordnungen des Bundesministers für Wissenschaft und Verkehr näher konkretisiert. So sind Verordnungen, die teilweise noch zum alten Fernmeldegesetz erlassen worden sind und für das neue TKG gelten, als auch Verordnungen, die auf dem Telekommunikationsgesetz beruhen, zu beachten[70].

Zweck des TKG ist es (§ 1 Abs 1):
- durch Förderung des Wettbewerbs im Bereich der Telekommunikation
- die Versorgung der Bevölkerung und Wirtschaft
- mit zuverlässigen, preiswerten, hochwertigen und innovativen Telekommunikationsdienstleistungen zu gewährleisten.

§ 1 Abs 2 TKG legt die **Ziele**, die durch **Maßnahmen der Regulierung** erreicht werden sollen, fest:
- Schaffung einer modernen Telekommunikationsinfrastruktur zur Förderung der Standortqualität auf hohem Niveau

---

[66] BGBl 1996/201 zuletzt geändert durch BGBl I 1999/31.
[67] Siehe FN 9
[68] Bundesgesetz über Telekommunikationswege (Telekommunikationswegegesetz –TWG), das frühere Telegraphenwegegesetz, BGBl 1929/435, idF. BGBl 1970/20 und BGBl I 1997/100), siehe Anhang.
[69] Bundesgesetz betreffend das Fernmeldewesen (Fernmeldegesetz) BGBl 1993/908.
[70] Eine – allerdings nicht ganz aktuelle – Auflistung sämtlicher im Telekommunikationsbereich relevanten Gesetze und Verordnungen findet sich auf dem Server der Obersten Post- und Fernmeldebehörde (Sektion IV des Bundesministeriums für Wissenschaft und Verkehr: http://www.bmv.gv.at/tk/3telecom/recht/regeln.htm

- Sicherstellung eines chancengleichen und funktionsfähigen Wettbewerbs auf den Märkten der Telekommunikation[71]
- Sicherstellung eines flächendeckenden Universaldienstes
- Schutz der Nutzer vor Missbrauch einer marktbeherrschenden Stellung
- Sicherstellung einer effizienten und störungsfreien Nutzung von Frequenzen

§ 1 TKG ist eine so genannte **programmatische Zweckdefinition**. Die in diesem Paragraphen genannten Zwecke und Ziele dienen als Orientierung bei der Vollziehung des Gesetzes. D.h., sie sind Auslegungsmaßstab bei Unklarheiten und konkretisieren den Ermessensspielraum der Behörden.

B. DER REGELUNGSINHALT DES TKG 1997

Das Telekommunikationsgesetz gliedert sich in folgende Abschnitte:
1. ALLGEMEINES (§§ 1-4 TKG)
   - Ziel und Zweck
   - Anwendungsbereich
   - Definitionen (§ 3 TKG)
2. INFRASTRUKTUR, EIGENTUMSRECHTE (§§ 5-11 TKG)
   - Nutzung von öffentlichem Gut
   - Duldungspflichten
   - Enteignungsmöglichkeit
3. TELEKOMMUNIKATIONSDIENSTE (§§ 12-23 TKG)
   - Anzeige-, Konzessionspflicht
   - Geschäftsbedingungen und Entgelte
4. UNIVERSALDIENST (§§ 24-31 TKG)
5. WETTBEWERBSREGULIERUNG (§§ 32-46 TKG)
   - Regulierungsziele
   - Marktbeherrschung
   - offener Netzzugang und Zusammenschaltung
   - Quersubventionsverbot
6. FREQUENZEN (§§ 47-51 TKG)
   - Frequenzverwaltung
   - Frequenznutzungsplan
   - Frequenzzuteilung
7. ADRESSIERUNG UND NUMMERIERUNG (§§ 52-61 TKG)
   - Nummernverwaltung
8. SCHUTZ DER NUTZER (§§ 62-66 TKG)
   - Kontrahierungszwang
   - Überprüfung der Entgelte
   - Streitschlichtung

---

[71] § 32 Abs 1 TKG legt die Ziele zur Sicherstellung eines fairen Wettbewerbs fest. Danach haben die Regulierungsbehörden einen chancengleichen und funktionsfähigen Wettbewerb am Telekommunikationsmarkt sicherzustellen, den Marktzutritt neuer Anbieter zu fördern, den Missbrauch einer marktbeherrschenden Stellung abzustellen und Missbräuchen vorzubeugen, die Einhaltung der Grundsätze eines offenen Netzzugangs gemäß den ONP sicherzustellen, die sektorspezifischen Wettbewerbsregeln der Europäischen Gemeinschaft umzusetzen und Streitfälle zwischen Marktteilnehmern und Nutzern zu schlichten.

9. FUNKANLAGEN UND ENDGERÄTE (§§ 67-75 TKG)
   - technische Anforderungen
   - Zulassung
   - Kennzeichnung
   - Verwendung
10. VERFAHREN UND GEBÜHREN (§§ 76-82 TKG)
11. AUFSICHTSRECHTE (§§ 83-86 TKG)
12. FERNMELDEGEHEIMNIS, DATENSCHUTZ (§§87-101 TKG)
    - Fernmeldegeheimnis ieS.
    - Datenschutz (Umsetzung der RL 97/61/EG)
    - Fangschaltung
13. STRAFBESTIMMUNGEN (§§102-104 TKG)

IV. BEHÖRDENSTRUKTUR

A. EUROPARECHTLICHE VORGABEN

Vor der Öffnung der Telekommunikationsmärkte wurden den staatlichen Monopolen typischerweise nicht nur die Leistungserbringung, sondern auch Aufgaben der Telekommunikationsregulierung überantwortet. Da ein Telekommunikationsanbieter in einem liberalisierten Markt nicht gleichzeitig als staatliche Ordnungsmacht auftreten kann, musste die EU dagegen Vorkehrungen treffen.

So ordnet Art 5a der ONP-Rahmenrichtlinie 90/387/EWG in der Fassung RL 97/51/EG an, dass – um die **Unabhängigkeit der nationalen Regulierungsbehörden** zu gewährleisten – diese sich rechtlich von allen Organisationen, die Telekommunikationsnetze, -geräte oder -dienste bereitstellen, zu unterscheiden haben und von diesen funktionell unabhängig sein müssen.

Da der Staat in der Regel weiterhin am ehemaligen Monopolunternehmen beteiligt[72] ist und somit auch Interessen am wirtschaftlichen Erfolg dieses Unternehmens hat[73], wird auch eine **institutionelle Unabhängigkeit von der staatlichen Verwaltung** gefordert. So sieht Art 5a RL 90/387/EWG idF 97/51/EG darüber hinaus vor, dass Mitgliedstaaten, wenn sie Eigentum an Organisationen behalten, die Telekommunikationsnetze und/oder –dienste bereitstellen, oder über diese eine wesentliche Kontrolle ausüben, eine wirksame strukturelle Trennung der hoheitlichen Funktion von Tätigkeiten im Zusammenhang mit Eigentum oder Kontrolle sicherstellen müssen.

Weiters werden die Mitgliedstaaten in Art 5a Abs 3 der oben genannten RL verpflichtet: geeignete Verfahren auf nationaler Ebene einzurichten, um einer von einer Entscheidung der nationalen Regulierungsbehörde betroffenen Partei das Recht zu gewähren, bei einer von den betroffenen Parteien unabhängigen Stelle gegen diese Entscheidung Einspruch zu erheben[74].

B. BEHÖRDEN NACH DEM TELEKOMMUNIKATIONSGESETZ 1997[75]

Das TKG 1997 führte in Österreich zu einer **Neuordnung der Behördenstruktur**. So kennt das TKG neben den aus dem Fernmeldegesetz 1993 bereits bekannten **Fernmeldebehörden** auch die **Regulierungsbehörde**.

---

[72] Gemäß Art 295 EGV lässt der Vertrag die Eigentumsordnungen in den Mitgliedstaaten unberührt. Insofern war die Privatisierung gemeinschaftsrechtlich nicht geboten. Siehe dazu auch oben II.B.
[73] Sei es dass Erträge des ehemaligen Monopolunternehmens dem staatlichen Budget zu Gute kommen, sei es, dass – derzeit besonders aktuell – der wirtschaftliche Erfolg bei einem in Vorbereitung befindlichen Börsegang des Unternehmens wichtig ist.
[74] Siehe zur derzeitigen Problematik aufgrund der mangelhaften Umsetzung dieser Bestimmung in Österreich bei Punkt IV.D.
[75] Siehe auch *Eisenberger/Zuser,* Behörden und Zuständigkeiten nach dem Telekommunikationsgesetz 1997, Medien und Recht 1998, 90ff.

Übersicht der Behördenstruktur in Österreich:

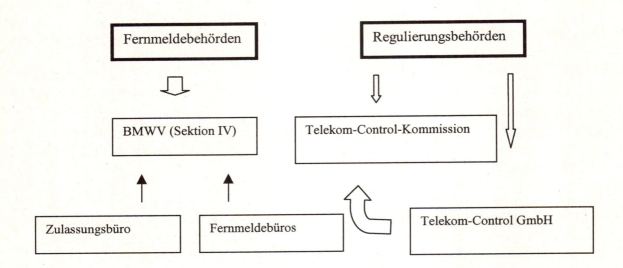

C. FERNMELDEBEHÖRDEN

Die Organisation und die Funktionen der Fernmeldebehörden sind gegenüber dem Fernmeldegesetz weitgehend unverändert geblieben.

So ist als oberste Fernmeldebehörde der **Bundesminister für Wissenschaft und Verkehr** eingesetzt, dem **vier Fernmeldebüros** und ein **Zulassungsbüro** unterstellt sind.

Das Zulassungsbüro, als Fernmeldebehörde erster Instanz, ist gemäß § 106 Abs 4 TKG weiterhin für die Typenzulassung von Funkanlagen und Endgeräten und den Widerruf von erteilten Zulassungen verantwortlich.

Den Fernmeldebüros[76], die in Wien, Graz, Linz und Innsbruck eingerichtet sind, kommt eine Allgemeinzuständigkeit zu. Dies bedeutet, dass sie für alle vorgesehenen Amtshandlungen des TKG, sofern keine andere Behörde genannt ist, zuständig sind.
Ihnen obliegt im Wesentlichen:
- Frequenzzuteilung gemäß § 48 TKG (mit Ausnahme der konzessionspflichtigen Mobilfunkdienste)
- Bewilligung zur Errichtung und Betrieb von Funkanlagen (§ 68 TKG)
- Bewilligung für Einfuhr, Vertrieb und Besitz von Funksendeanlagen (§ 70 TKG)
- Änderung bzw. Widerruf dieser Bewilligungen (§ 80 TKG)
- Aufsicht über Telekommunikationsanlagen (§ 83 Abs 5 TKG)
- Verhängung von Geldstrafen bei Verwaltungsübertretungen (§ 104 TKG)

Wesentliche Kompetenzen des Bundesministers für Wissenschaft und Verkehr sind
(§ 106 Abs 5 TKG)
- grundsätzliche Vorgaben für die Tätigkeit der Regulierungsbehörden
- Erlassung der zur Durchführung der internationalen Verträge erforderlichen Vorschriften, insbesondere über die Nutzung des Frequenzspektrums
- Rechtsmittelinstanz über die Fernmelde- und Zulassungsbüros
- Frequenzverwaltung (§§ 47ff TKG)

---
[76] § 106 Abs 2 TKG.

- Gestaltung der Nummernvergabe (§§ 67ff TKG)

Zusammenfassend kann man sagen, dass den Fernmeldebehörden die **traditionellen fernmeldepolizeilichen Aufgaben im Bereich Frequenzverwaltung, Funkanlagen und Endgeräte** zukommen, während für die neuen Aufgaben der Marktregulierung die so genannte Regulierungsbehörde geschaffen wurde. Dem BMWV erlässt das TKG darüber hinaus weiterhin die grundsätzliche Planungskompetenz und – mit Ausnahme der Tätigkeit der Telekom Control Kommission – die Rechtsaufsicht und damit eine gewisse Selbstverantwortung.

D. REGULIERUNGSBEHÖRDE

Gemäß den europarechtlichen Vorgaben hatten die Mitgliedstaaten zur Wahrung der Regulierungsaufgaben[77] von den Telekommunikationsorganisationen **rechtlich getrennte** und **funktionell unabhängige** Behörden einzurichten[78].

In Österreich wurden für diese Aufgabe zwei Behörden eingerichtet. Zum einen die **Telekom-Control GmbH**, die – um größtmögliche Flexibilität zu erlangen – **ausgegliedert** aus der staatlichen Behördenorganisation als **Privatrechtssubjekt** eingerichtet wurde, und zum anderen die **Telekom-Control-Kommission**, eine **Kollegialbehörde mit richterlichem Einschlag gemäß Art 20 Abs 2 iVm Art 133 Z 4 B-VG**.

Die organisationsrechtliche Ausgestaltung der Telekommunikationsregulierung wirft, da die Einrichtung beider Behörden vom allgemeinen System der Organisation der staatlichen Verwaltung abweicht, eine Reihe von verfassungsrechtlichen Fragen auf.

So mussten bei der Schaffung der Telekom-Control GmbH bestimmte verfassungsrechtliche Kriterien berücksichtigt werden, die der VfGH in seinem Erkenntnis zur „**Austro Control**"[79] für die Ausgliederung von Hoheitsbefugnissen entwickelt hat:
- Die Beleihung muss dem aus dem Gleichheitssatz erfließenden **Sachlichkeitsgebot** entsprechen. D.h. die Einrichtung eines ausgegliederten Privatrechtsträgers muss sachlich gerechtfertigt sein.
- Des Weiteren ist die Ausgliederung dem **Effizienzgebot**[80] unterworfen, d.h. sie muss den Grundsätzen der Sparsamkeit, Wirtschaftlichkeit und Zweckmäßigkeit entsprechen.
- Die Beleihung darf keine größeren Verwaltungsbereiche umfassen, sondern muss auf **vereinzelte Aufgaben** beschränkt bleiben.
- Bestimmte Kernbereiche hoheitlicher Staatstätigkeit dürfen nicht an Private übertragen werden. Zu diesen so genannten **beleihungsfesten Kernbereichen** zählen die Vorsorge für die Sicherheit im Inneren und nach außen und die Ausübung der (Verwaltungs-)Strafgewalt.
- Die Organisationsgrundsätze des B-VG[81], insbesondere die **Leitungsbefugnis** und **parlamentarische Verantwortlichkeit** der obersten Organe müssen gewahrt bleiben.

Diese verfassungsrechtlichen Gebote, insbesondere die Wahrung der staatlichen Letztverantwortung durch Weisungsbindung, stehen in einem Spannungsverhältnis zu der vom Gemeinschaftsrecht geforderten Einrichtung einer rechtlich getrennten und funktionell unabhängigen Behörde.

---

[77] Das sind insbesondere jene im 5. Abschnitt (§§32ff TKG) zusammengefassten Bestimmungen zur Sicherstellung eines fairen Wettbewerbs am Telekommunikationsmarkt.
[78] Siehe dazu oben Punkt IV.A.
[79] VfSlg. 14473/1996 – ÖZW 1997/55 mit Kommentar von *Bernd-Christian Funk.*
[80] Vgl etwa *Korinek/Holoubek,* Grundlagen staatlicher Privatwirtschaftsverwaltung (1993) 173ff.
[81] Insbesondere Art 20 und 77 B-VG

Der Gesetzgeber hat diesen Gegensatz dahingehend aufgelöst, dass er der Telekom-Control GmbH eine, zur Vollziehung der eindeutig als hoheitlich qualifizierten Aufgaben, **weisungsfreie Kollegialbehörde** zugeordnet hat. Diese Behörde besteht aus drei Mitgliedern und je einem Ersatzmitglied, wobei gemäß § 112 TKG ein Mitglied dem Richterstand angehören, ein Mitglied über einschlägige technische und das andere über juristische und ökonomische Kenntnisse verfügen muss. Die Mitglieder werden von der Bundesregierung auf fünf Jahre ernannt und sind gemäß Art 20 Abs 2 B-VG bei der Ausübung ihres Amtes an keine Weisungen gebunden (§ 114 TKG).

Die Telekom-Control-Kommission soll – so die Absicht des Gesetzgebers – über alle Angelegenheiten entscheiden, die „**civil rights**" betreffen[82,83]. Denn gemäß Art 6 EMRK muss für Entscheidungen in Streitverfahren und in „civil rights[84]" ein tribunal entscheiden.

Die **Aufgaben**, die der Telekom-Control-Kommission zugewiesen sind, werden in **§ 111 TKG taxativ aufgezählt**. Es handelt sich dabei um die:
- Erteilung, Entziehung und den Widerruf von Konzessionen, sowie die Zustimmung bei der Übertragung und Änderung von Konzessionen
- Genehmigung von Geschäftsbedingungen und Entgelten, den Widerspruch gegen AGB von nicht marktbeherrschenden Anbietern
- Ermittlung des aus dem Universaldienstfonds zu leistenden finanziellen Ausgleichs
- Feststellung des an dem Universaldienstfond zu leistenden Beitrag
- Feststellung der Marktbeherrschung
- Festlegung der Bedingungen für die Zusammenschaltung im Streitfall
- Feststellung über die Nichteinhaltung des Quersubventionsverbotes
- Festlegung der Bedingungen für die Mitbenutzung von Antennenmasten im Streitfall.

Die verbleibenden Aufgaben werden mit einer **Generalklausel** gemäß § 109 TKG der Telekom-Control GmbH zugewiesen. Danach hat die Telekom-Control GmbH alle Aufgaben, die im TKG der Regulierungsbehörde übertragen sind – sofern nicht gemäß §111 TKG die Telekom-Control-Kommission zuständig ist – wahrzunehmen.

Dazu gehören etwa die:
- Gewährleistung des offenen Netzzugangs (§ 34 TKG)
- Streitschlichtung (§§ 66 und 116 TKG)
- Rufnummernverwaltung[85] (§ 57 TKG)

Darüber hinaus ist die Telekom-Control GmbH **Geschäftsstelle** der Telekom-Control-Kommission und hat als solche die Entscheidungen der Telekom-Control-Kommission vorzubereiten und sie bei sonstigen Aufgaben zu unterstützen[86].

Die Frage, ob es sich bei den Aufgaben der Telekom-Control GmbH um **vereinzelte Aufgaben** im Sinne der Rechtssprechung des VfGH handelt[87], wird man – im Hinblick auf obige

---

[82] Vgl. ErläutRV 759 BlgNR, 20. GP, 58.
[83] Zur Problematik, dass nicht nur der Telekom-Control-Kommission, sondern auch der Telekom-Control –GmbH Entscheidungen über „civil rights" zukommen siehe *Holoubek*, FS-Wirtschaftsuniversität Wien, 332.
[84] Das sind nach der Rspr des EGMR alle Verfahren, deren Ausgang für Rechte und Verpflichtungen privatrechtlicher Natur entscheidend sind.
[85] Dem BMWV hat durch Nummerierungspläne die Grundsätze für die Verwaltung und Nutzung der Nummern vorzugeben, während die TKC für die effiziente Verwaltung der Nummerierungspläne zuständig ist. Näheres siehe unten Punkt VII.D.
[86] Im Rahmen dieser Tätigkeit ist das Personal der Telekom-Control GmbH an die Weisungen der Telekom-Control-Kommission gebunden (§ 109 TKG)
[87] Siehe zu den verfassungsrechtlichen Anforderungen Punkt IV.D.

Ausführungen – wohl bejahen können. Indem wesentliche Aufgabengebiete[88] der Telekom-Control-Kommission und den Fernmeldebehörden[89] übertragen sind, und zahlreiche Bestimmungen des TKG eine Verordnungsermächtigung des BMWV vorsehen, kann man davon ausgehen, dass im Falle der Telekom-Control GmbH die Grenze der Zulässigkeit hinsichtlich der ihr übertragenen Aufgaben nicht überschritten wurde.

Da die **zentralen verwaltungspolizeilichen Tätigkeiten** im Telekommunikationsbereich den Fernmeldebehörden übertragen werden und die Tätigkeit der Telekom-Control GmbH nicht in die beleihungsfesten Kernbereiche[90] hoheitlicher Verwaltung eingreift, wird auch dem Erfordernis, dass durch die Beleihung nicht das **System des Aufbaus der staatlichen Verwaltung** verändert werden dürfe, entsprochen.

Was nun die Frage, ob die Betrauung der Telekom-Control GmbH mit hoheitlichen Aufgaben dem Organisationsmodell des B-VG entspricht[91], anlangt, ist Folgendes auszuführen:

Gemäß § 108 Abs 2 B-VG sind die **Anteile der Gesellschaft** zu 100% dem **Bund vorbehalten**. Die Verwaltung der Anteilsrechte obliegt dem Bundesminister für Wissenschaft und Verkehr.

Nach § 117 Abs 1 TKG unterliegt die Tätigkeit der Telekom-Control GmbH der **Aufsicht des Bundesministers für Wissenschaft und Verkehr**. Der Begriff der Aufsicht umfasst nach § 117 Abs 2 TKG auch die Befugnis Weisungen an die Telekom-Control GmbH zu erteilen. Dabei handelt es sich um **öffentlich-rechtliche Weisungsrechte** iS von Art 20 Abs 1 B-VG, die von der **gesellschaftsrechtlichen Weisungsbefugnis**[92] gemäß § 20 Abs 1 GmbHG[93] zu unterscheiden sind.

Das öffentlich-rechtliche Weisungsrecht des BMWV wird allerdings in dreifacher Weise beschränkt: Die Weisungen müssen **begründet**[94] werden, sie sind in **schriftlicher Form**[95] zu erteilen und unter Berücksichtigung datenschutzrechtlicher Bestimmungen zu **veröffentlichen**[96]. Diese Ausgestaltung des Weisungsrechts entspricht zum einen den verfassungsrechtlichen Vorgaben des VfGH[97] und sichert zum anderen, die gemeinschaftsrechtlich geforderte Unabhängigkeit der Behörde.

Die Frage, wann eine Ausgliederung von hoheitlichen Aufgaben den Geboten der Sachlichkeit und Effizienz entspricht, hat der VfGH in seinem Erkenntnis zur „Austro-Control" nicht konkret behandelt[98].

In diesem Zusammenhang ist das Erkenntnis des VfGH vom 24.2.1999[99] von großer Bedeutung. Hier hatte der VfGH unter anderem die Frage, ob die Organisation der Telekommu-

---

[88] Insbesondere jene Aufgaben, die eindeutig als hoheitlich qualifiziert werden.
[89] Den Fernmeldebehörden werden die zentralen verwaltungspolizeilichen Tätigkeiten übertragen.
[90] Siehe dazu oben, Punkt IV.D.
[91] Siehe dazu oben, Punkt IV.D.
[92] Durch die Wahl der Rechtsform einer GmbH und dem Alleineigentum des Bundes unterliegt die Telekom-Control GmbH auch im Wege des Gesellschaftsrechts grundsätzlich der Leitungsbefugnis und Verantwortung des BMWV; Zu den Unterschieden zwischen staatsrechtlicher Weisung nach Art 20 Abs 1 B-VG und den gesellschaftsrechtlichen Weisung nach §20 GmbHG siehe allerdings näher *Winner*, Öffentlich-rechtliche Anforderungen und gesellschaftsrechtliche Probleme bei Ausgliederungen – Unter besonderer Berücksichtigung der Austro-Control-GmbH, ZfV 1998, 104 (114ff.)
[93] Gesetz über die Gesellschaft mit beschränkter Haftung (RGBl. 1906/58)
[94] § 117 Abs 2 TKG.
[95] § 117 Abs 2 TKG.
[96] § 118 TKG.
[97] Unter vergleichsweiser Heranziehung der Entscheidung des VfGH zur „Austro-Control" kann man davon ausgehen, dass die staatliche Leitungsbefugnis gem. Art 20 Abs 1 B-VG im Fall der TKC durch diese Bestimmungen gesichert ist.
[98] Hier betont er nur, dass die Beleihung dem Sachlichkeits- und Effizienzgebot entsprechen muss.
[99] B 1625/98-32

nikationsregulierung durch die **Einrichtung einer Kollegialbehörde nach Art 133 Z 4 B-VG verfassungsrechtlich zulässig**[100] ist, zu klären.

Die Einrichtung von Art 133 Z 4 – Behörden stellt nämlich eine Ausnahme von der Leitungsbefugnis der obersten Organe gemäß Art 20 Abs 1 B-VG und – sofern nicht eine Anrufung an den VwGH ausdrücklich für zulässig erklärt wird[101] – auch eine Ausnahme vom System der nachprüfenden Kontrolle durch den VwGH dar. Diesbezüglich hat der VfGH festgehalten, dass es verfassungsrechtlich ausgeschlossen ist, diese Kontrolle in wesentlichen Teilen durch die Einrichtung solcher Kollegialbehörden zu ersetzen. Die Schaffung von Art 133 Z 4 – Behörden bedarf vielmehr einer **besonderen Rechtfertigung** durch **gewichtige Gründe**. Die Einrichtung der Telekom-Control-Kommission hat der VfGH angesichts des ihr zugewiesenen Sachbereichs noch als zulässig erklärt. Einerseits deshalb, weil es sich bei den **Regulierungsbehörden im Bereich der Telekommunikation** um einen weitgehend **neuen Verwaltungsbereich** handelt, dessen Bewältigung nicht nur **juristischen** und **wirtschaftlichen**, sondern im hohem Maß auch **technischen Sachverstand** erfordert, und andererseits, weil regelmäßig **Entscheidung über „civil rights"** zu treffen sind.

Diese Überlegungen wird man auch auf die Telekom-Control GmbH übertragen können[102], da auch diese Behörde nicht als Behörde im herkömmlichen Sinn angesehen werden kann. Bei den Aufgaben der Telekom-Control GmbH handelt es sich ebenfalls um einen neuen Verwaltungsbereich, da ihr Aufgaben zur Überwachung und Kontrolle des Wettbewerbs zukommen, welche nur bedingt mit dem Rechtsinstrumentarium einer klassischen Behörde erfüllt werden können[103]. Insofern wird die **Einrichtung der Telekom-Control GmbH** auch als **sachlich gerechtfertigt** anzusehen sein.

Darüber hinaus hatte der VfGH in dem oben zitierten Erkenntnis die Frage zu beurteilen, wie der im TKG vorgesehene Rechtsschutz gegen Bescheide der Telekom-Control-Kommission mit den europarechtlichen Vorgaben vereinbar ist.

Sofern das TKG nichts anderes bestimmt, hat die Telekom-Control-Kommission das AVG anzuwenden, d.h. sie trifft ihre Entscheidungen grundsätzlich in Bescheidform. Nach § 115 Abs 2 TKG unterliegen die Entscheidungen der Telekom-Control-Kommission, die zugleich erste und letzte Instanz ist, nicht der Aufhebung oder Abänderung im Verwaltungsweg. Das bedeutet, dass gegen die Entscheidung der Telekom-Control-Kommission grundsätzlich nur der Verfassungsgerichtshof wegen Verletzung in einem verfassungsgesetzlich gewährleisteten Recht oder einer Rechtsverletzung wegen Anwendung einer gesetzwidrigen Verordnung, eines verfassungswidrigen Gesetzes oder eines rechtswidrigen Staatsvertrages mit Beschwerde gemäß Art 144 Abs 1 B-VG angerufen werden kann. Eine Beschwerde an den Verwaltungsgerichtshof wegen sonstiger Rechtswidrigkeit ist nach Art 133 Z 4 B-VG nicht zulässig, weil die Anrufung des VwGH im TKG nicht ausdrücklich als zulässig erklärt wurde. Somit ist nach innerstaatlichem Recht die Zuständigkeit des Verwaltungsgerichtshof ausgeschlossen.

Der Verfassungsgerichtshof hat jedoch in seinem Erkenntnis vom 24.2.1999, B 1625/98-32 auch gegen Entscheidungen der Telekom-Control-Kommission eine Beschwerde an den VwGH für zulässig erklärt. Dabei hat er zunächst festgestellt, dass die Möglichkeit, den VfGH gemäß Art 144 Abs 1 B-VG anzurufen, wegen der auf Verfassungsverletzungen **einge-**

---

[100] In diesem Zusammenhang ist auch auf den Privatradio-Prüfungsbeschluss des VfGH v. 16.10.1999 (B 2504 u.a.), mit dem er de facto eine weitere Art 133 Z 4 Behörde in Frage stellt, zu verweisen.
[101] Gemäß Art 133 Z 4 B-VG unterliegen die Bescheide einer Kollegialbehörde nicht der Aufhebung oder Abänderung im Verwaltungsweg, wenn die Anrufung des Verwaltungsgerichtshofs nicht ausdrücklich für zulässig erklärt wird.
[102] Mit der Ausnahme, dass sie regelmäßig Entscheidungen über civil rights zu treffen hat.
[103] ErläutRV 759 BlgNr, 20. GP, 57.

schränkten Prüfungsbefugnis des VfGH, den europarechtlichen Vorgaben[104] nicht entspricht. Gemäß Art 5a Abs 3 RL 90/387/EWG idF RL 97/51/EG haben die Mitgliedstaaten ein geeignetes Verfahren auf nationaler Ebene einzurichten, um einer betroffenen Partei das Recht zu gewähren bei einer unabhängigen Stelle gegen diese Entscheidung Einspruch zu erheben. Der Verfassungsgerichtshof hat diese Bestimmung dahingehend ausgelegt, dass sie **unmittelbar anwendbar** ist, dem Einzelnen somit ein Recht gegen den Staat einräumt und damit kraft des **gemeinschaftsrechtlichen Anwendungsvorrangs** die Vorschrift des **Art 133 Z 4 B-VG verdrängt**.

Die unmittelbare Anwendbarkeit dieser Bestimmung ist allerdings nicht unumstritten.[105] Nachdem der VfGH im Gefolge dieses Erkenntnisses[106] die Beschwerde dem VwGH abgetreten hatte, hat nunmehr der VwGH u.a. zu Klärung der Auslegung des Art 5a Abs 3 RL 90/387/EWG idF RL 97/51/EG ein **Vorabendscheidungsverfahren** gemäß Art 234 EGV (ex Art 177 EGV) beim EuGH eingeleitet.[107]

---

[104] Siehe dazu oben Punkt IV.A.
[105] Siehe dazu *Holoubek,* Frequenzzuweisung für die Mobilfunktelefonie – gemeinschaftsrechtlich determinierter Rechtsschutz, ÖZW 1999, 82ff.
[106] Siehe FN 99.
[107] Beschluss vom 24.Nov. 1999, Zl.99/03/0071-14.

V. TELEKOMMUNIKATIONSDIENSTE UND LIZENZIERUNG

A. EUROPARECHTLICHER HINTERGRUND

In der **RL 97/13/EG über einen gemeinsamen Rahmen für Allgemein- und Einzelgenehmigungen für Telekommunikationsdienste** werden die Grundzüge des Verfahrens zur Erteilung von Genehmigungen für Telekommunikationsdienste und -netze, sowie die Auflagen und Bedingungen, an die die Erteilung solcher Genehmigungen geknüpft werden dürfen, geregelt. Dabei soll grundsätzlich der Erteilung von Allgemeingenehmigungen der Vorzug gegenüber Einzelgenehmigungen gegeben werden, um die gemeinschaftsweite Bereitstellung von Telekommunikationsdiensten zu erleichtern.

Unter **Allgemeingenehmigungen** versteht man allgemeine Rechtsvorschriften, die eingehalten werden müssen. Das Unternehmen braucht aber vor der Dienstaufnahme keine individuelle Entscheidung der Behörde. Bei einer **Einzelgenehmigung** hingegen, ist die Entscheidung der Regulierungsbehörde im Einzelfall notwendig.

Gemäß Art 7 der Genehmigungsrichtlinie dürfen die Mitgliedstaaten Einzelgenehmigungen nur für folgende Fälle einführen oder beibehalten:
- um Zugang zu Frequenzen oder Nummern zu erlauben
- um besondere Wegerechte einzuräumen
- um Betriebspflichten, Verpflichtungen hinsichtlich des Universaldienstes oder im Rahmen von ONP-Rechtsvorschriften aufzuerlegen
- um Unternehmen mit beträchtlicher Marktmacht besondere Verpflichtungen aufzuerlegen

Zudem dürfen Genehmigungen nur so weit mit Auflagen versehen werden, als dies zum Schutz der **grundlegenden Anforderungen**[108] erforderlich ist. Dabei geht es insbesondere um:
- Sicherheit des Netzbetriebs und Aufrechterhaltung der Netzintegrität
- Interoperabilität der Dienste
- Datenschutz
- Umweltschutz
- Raumordnungsziele
- effiziente Nutzung des Frequenzspektrums
- Verhinderung von Störungen zwischen Telekommunikationssystemen

B. TELEKOMMUNIKATIONSDIENSTE

Unter Einhaltung der gesetzlichen Verpflichtungen ist gemäß § 12 TKG grundsätzlich **jedermann berechtigt Telekommunikationsdienste zu erbringen**.

Der Begriff „**Telekommunikationsdienst**" wird in § 3 Z 14 TKG folgendermaßen definiert:
- gewerbliche Dienstleistung
- die in der Übertragung und/oder Weiterleitung von Signalen
- auf Telekommunikationsnetzen besteht

---

[108] Siehe dazu oben Punkt II.C.

- einschließlich des Angebotes von Mietleitungen.
  Nicht darunter fällt insbesondere
- der bloße Wiederverkauf von Telekommunikationsdienstleistungen (etwa im Hotel für Gäste oder im Spital für Patienten)
- Übertragung von Rundfunk und Fersehrundfunk durch Kabelnetzbetreiber

Je nach Art des beabsichtigten Dienstes ist entweder eine **Anzeige- oder Konzessionspflicht** vorgesehen. Da Genehmigungen zu einem Hemmnis für den Markteintritt werden können, sind sie auf das geringstmögliche Maß zu beschränken.

Insofern sind gemäß § 14 TKG nur mehr folgende Dienste **konzessionspflichtig**:
- der öffentliche Sprachtelefondienst mittels eines selbst betriebenen festen Telekommunikationsnetzes
- das öffentliche Anbieten von Mietleitungen mittels selbst betriebener fester Telekommunikationsnetze
- der mobile Sprachtelefondienst mittels selbst betriebener Mobilkommunikationsnetze
- und andere öffentliche Mobilfunkdienste mittels selbst betriebener Mobilkommunikationsnetze

Der zentrale Begriff „**Sprachtelefondienst**" wird in § 3 Z 12 TKG – entsprechend der Definition in Art 1 der Dienstrichtlinie 90/387/EWG – umschrieben als:
- die gewerbliche Bereitstellung
- für die Öffentlichkeit
- der Vermittlung von Sprache in Echtzeit
- zwischen den Netzabschlusspunkten von öffentlich vermittelten Netzen

Die **gewerbliche Bereitstellung** liegt vor, wenn der Dienst selbständig, auf Dauer angelegt und in Erwerbsabsicht erbracht wird. Weiteres wesentliches Kriterium für das Vorliegen von Sprachtelefondienst ist, dass die Sprachvermittlung an die **Öffentlichkeit**, also nicht nur in geschlossenen Benutzergruppen (sog. „closed user groups" oder „corporate networks"), erfolgen muss. Die **Vermittlung von Sprache in Echtzeit** meint den fernmeldetechnischen Vorgang der Verbindung von Übertragungswegen, der dazu dient, eine Kommunikationsverbindung zwischen zwei oder mehreren Endpunkten in unmittelbarem zeitlichen Zusammenhang und nicht spürbar zeitversetzt aufzubauen[109].

Die Sprachtelefonie ist allerdings nur konzessionspflichtig, wenn sie über ein **selbst betriebenes festes Telekommunikationsnetz** erbracht wird. Dazu ist nicht Eigentum an diesem Netz oder an bestimmten Mindestbestandteilen des Netzes erforderlich. Es reichen im Wesentlichen langfristige Überlassungsverträge aus. Worauf es ankommt ist, dass der Betreiber die rechtliche und tatsächliche Kontrolle über die Gesamtheit der Funktionen, die zur Erbringung des jeweiligen Telekommunikationsdienstes notwendig sind, ausübt. Durch die Beschränkung auf selbst betriebene Netze ist der Dienst eines **service providers**[110] kein konzessionspflichtiger Dienst.

Neben der Sprachtelefonie unterliegt auch das **öffentliche Anbieten von Mietleitungen** der Konzessionspflicht. Eine Mietleitung ist transparente Übertragungskapazität zwischen Netzabschlusspunkten, die ohne Vermittlungsfunktion angeboten wird. Öffentlich Anbieten

---

[109] Mangels Vorliegen einer Echtzeitverbindung und einer gesicherten Qualität, wird Telefonieren über das Internet derzeit noch nicht als Sprachtelefondienst eingestuft.
[110] Derartige Unternehmen werden auch als Diensteanbieter bezeichnet. Diensteanbieter verkaufen die Leistungen des Netzbetreibers weiter bzw. wieder, ohne notwendigerweise das Netz oder Teile davon zu besitzen.

meint hier das Anbieten der Mietleitungen an Dritte, d.h. außerhalb des Unternehmens, wobei ein Mehrzahl von Kunden nicht zwingend erforderlich ist.

Alle **nicht konzessionspflichtigen Dienste** sind gemäß § 13 TKG **bloß anzeigepflichtig**. Darunter fallen Dienste der Internet Provider, Fax- oder Rückrufdienste (Callback). Nicht einmal anzeigepflichtig ist der **bloße Wiederverkauf von Telekommunikationsdienstleistungen**[111].

C. KONZESSIONSVERFAHREN

Festnetz-Konzessionen sind von der Telekom-Control-Kommission auf schriftlichen Antrag binnen sechs Wochen zu erteilen. Der **schriftliche Antrag** hat Angaben über:
- die Art des Dienstes
- das Versorgungsgebiet
- die organisatorischen Voraussetzungen
- die finanziellen Voraussetzungen (z.B. Finanzierungsplan)
- die technischen Voraussetzungen (z.B. Ausbauplan) zu enthalten.

Wenn der Antragsteller die Anforderungen des § 15 Abs 2 TKG erfüllt, d.h. über die notwendigen technischen Fähigkeiten verfügt und kein Grund zur Annahme besteht, dass er den beanspruchten Dienst gemäß der Konzession, insbesondere was die Qualität und Versorgungspflicht betrifft, nicht erbringen wird, ist ihm die Konzession zu erteilen. Hierbei sind die Finanzkraft des Antragstellers, seine Erfahrungen im Telekommunikationsbereich sowie in verwandten Geschäftsbereichen und seine Fachkunde zu berücksichtigen.

Die Konzession kann gemäß § 15 Abs 6 TKG **Nebenbestimmungen** enthalten, insbesondere Bedingungen, Beginn- und Erfüllungsfristen sowie Auflagen, um die Zielsetzungen des Telekommunikationsgesetzes und der europarechtlichen Vorgaben –insbesondere der Richtlinie 97/13/EG – bestmöglich erfüllen zu können. Zur Abdeckung der Verwaltungskosten, die bei der Erteilung der Konzessionen anfallen, ist eine Gebühr zu entrichten[112].

Die Erteilung der Konzessionen zur Erbringung öffentlicher Mobilfunkdienste richtet sich nach einem eigenen Verfahren gemäß den §§ 20 ff TKG und wird wegen seiner Besonderheit im Kapitel 7.2 näher behandelt.

D. RECHTE UND PFLICHTEN DER KONZESSIONSINHABER

Konzessionsinhaber sind nicht nur berechtigt, ihre Telekommunikationsdienste nach den Bestimmungen der Konzession zu erbringen, sondern im Wesentlichen auch dazu verpflichtet. § 18 Abs 3 TKG und § 62 TKG statuieren einen **Kontrahierungszwang** für Anbieter öffentlicher Telekommunikationsdienste: „Jedermann ist berechtigt öffentliche Telekommunikationsdienste unter Einhaltung der Geschäftsbedingungen in Anspruch zu nehmen".

---

[111] Als Beispiele kommen etwa das Betreiben einer Nebenstellenanlage in einem Hotel oder Krankenhaus für Gäste bzw. Patienten oder etwa auf einem Flughafen für die dort ansässigen Unternehmen in Betracht. In diesen Fällen liegt keine Telekommunikationsdienstleistung iS § 3 Z 14 TKG vor, weshalb nicht einmal eine Anzeigepflicht erforderlich ist.
[112] 70.000 ATS für Festnetz-Konzessionen.

Weitere **Pflichten der Erbringer eines öffentlichen Sprachtelefondienstes**[113] sind:
- ein auf aktuellem Stand zu haltendes Teilnehmerverzeichnis zu führen
- einen Auskunftsdienst über Teilnehmeranschlüsse zu unterhalten
- die kostenlose Inanspruchnahme von Notrufdiensten bereitzustellen
- ihr Teilnehmerverzeichnis auf Anforderung der Regulierungsbehörde unentgeltlich oder anderen Erbringern entgeltlich zum Zwecke der Auskunftserteilung oder der Herausgabe von Verzeichnissen zur Verfügung zu stellen.

Darüber hinaus sieht § 18 Abs 1 TKG vor, dass Konzessionsinhaber Geschäftsbedingungen zu erlassen, die angebotenen Dienste zu beschreiben und Entgelte festzulegen haben.

1. Geschäftsbedingungen und Entgelte

Die von den Konzessionsinhabern festgelegten Geschäftsbedingungen und Entgelte dürfen nicht im Widerspruch zum Telekommunikationsgesetz oder europarechtlichen Vorgaben stehen. Sie sind der Regulierungsbehörde **anzuzeigen** und in geeigneter Form kundzumachen. Dafür ist es bereits ausreichend, wenn sie im www abrufbar sind. Änderungen von Geschäftsbedingungen und Entgelten – außer es handelt sich um bloß begünstigende Änderungen – sind der Regulierungsbehörde mindestens zwei Monate vor ihrer Wirksamkeit kundzumachen.

Die **Allgemeinen Geschäftsbedingungen der marktbeherrschenden Anbieter** bedürfen für die Sprachtelefonie über ein festes Netz oder Mobilnetz und für das Anbieten von Mietleitungen der **Genehmigung durch die Regulierungsbehörde**[114]. Die Regulierungsbehörde prüft dabei nicht nur die Einhaltung des Telekommunikationsgesetzes, sondern auch ob die Bedingungen sonst gesetzeskonform gestaltet sind, wobei insbesondere das Konsumentenschutzgesetz und sonstiges Zivilrecht herangezogen wird.
Der Dienst darf erst bei Vorliegen der Genehmigung erbracht werden.

Verfügt der Anbieter über **keine marktbeherrschende Stellung**, so hat er die Geschäftsbedingungen lediglich rechtzeitig der Regulierungsbehörde **anzuzeigen**. Bei diesen Geschäftsbedingungen steht der Regulierungsbehörde ein **Widerspruchsrecht**[115] zu, wenn die Bestimmungen dem TKG oder relevanten Bestimmungen des Gemeinschaftsrechts widersprechen.

Auch die **Entgelte der marktbeherrschenden Anbieter** unterliegen für den Sprachtelefondienst über ein festes Netz und für das Anbieten von Mietleitungen der **Genehmigungspflicht**. Dabei kommt der Kontrolle der Entgelte von marktbeherrschenden Betreibern in zweifacher Hinsicht eine wesentliche Bedeutung zu.
- Zum einen sollen die Kunden vor überhöhten Tarifen geschützt werden.
- Zum anderen besteht die Gefahr, dass marktbeherrschende Betreiber in einem Teilmarkt mit wenig Wettbewerb überhöhte Preise und dafür in einem umkämpften Marktsegment zu niedrige Preise verlangen, indem sie diese aus dem geschützten Bereich quersubventionieren. Dies würde einen fairen Wettbewerb beschränken.

Hauptsächlicher Zweck der Genehmigungserfordernis der Entgelte ist es daher den Missbrauch der Marktmacht von marktbeherrschenden Betreibern zu verhindern.

---

[113] Vgl. § 19 TKG.
[114] Gemäß § 111 Z 2 TKG ist hierfür die Telekom-Control-Kommission zuständig.
[115] Vgl. § 18 Abs 4 TKG.

§ 18 Abs 6 TKG enthält allgemeine Vorgaben über die Methode der Entgeltprüfung, näheres zur Gestaltung der Entgelte wird in der noch auf dem Fernmeldegesetz 1993 basierenden **„Telekom-Tarifgestaltungsverordnung"**[116] geregelt. Diese befindet sich bereits seit längerem in Überarbeitung.

---

[116] Verordnung des Bundesministers für Wissenschaft und Verkehr und Kunst über ein Tarifgestaltungssystem für bestimmte Fernmeldedienste (Telekom-Tarifgestaltungsverordnung), BGBl 1996/650.

VI. WEGERECHTE

A. EUROPARECHTLICHE HINTERGRUND

Durch die Wettbewerbsrichtlinie 96/19/EG, die zur vollständigen Öffnung der Telekommunikationsmärkte führte, wurden die Mitgliedstaaten verpflichtet, alle noch bestehenden ausschließlichen Rechte für die Bereitstellung und Nutzung von Infrastrukturen im Telekommunikationsbereich aufzuheben und jedem Anbieter zu gestatten, eigene oder andere bestehende Infrastruktur zu nutzen. Dabei haben die Mitgliedstaaten gemäß Art 2 Abs 2 der Wettbewerbsrichtlinie alle erforderlichen Maßnahmen zu ergreifen, um sicherzustellen, dass jedes Unternehmen berechtigt ist, Telekommunikationsdienste bereitzustellen und Telekommunikationsnetze zu errichten. Damit strebt die Richtlinie eine **Gleichstellung der Wettbewerber mit den bisher privilegierten staatlichen Telekommunikationsorganisationen** an. Für die Betreiber bedeutet dies nicht nur das Recht, **Zugang zu bereits bestehenden Infrastrukturen** zu erlangen, sondern auch die **Berechtigung zur Errichtung eigener Infrastrukturen**, die nur auf Grund der grundlegenden Anforderungen durch die Mitgliedstaaten eingeschränkt werden darf.

B. DIE REGELUNGEN DES TKG UND TWG[117]

1. Überblick

In Österreich wurden diese Bestimmungen sowohl durch das Telekommunikationsgesetz[118] als auch durch das Telekommunikationswegegesetz[119] umgesetzt. Beide Gesetze enthalten teilweise parallele, teilweise unterschiedliche Bestimmungen über die Errichtung und Nutzung von Infrastrukturen. Das Verhältnis dieser beiden Gesetze ist allerdings weder im TKG noch im TWG konkret geregelt. Somit ist es in vielen Fällen nicht klar, welche Bestimmungen nun auf welchen Sachverhalt anzuwenden sind bzw. ob diese gemeinsam oder alternativ anzuwenden sind[120].

Als wesentliches Ziel des Telekommunikationsgesetzes kommt der **Schaffung einer modernen Telekommunikationsinfrastruktur zur Förderung der Standortqualität auf hohem Niveau**[121] eine große Bedeutung zu. Deshalb werden Anbietern von Telekommunikationsdiensten weit gehende Rechte im Hinblick auf den Ausbau von Telekommunikationsinfrastrukturen eingeräumt[122].

---

[117] Für einen Überblick über die Regelungen der Infrastrukturen in Österreich siehe auch *Hoenig/Kresbach/Jacob,* Das neue österreichische Telekommunikationsgesetz, Kommunikation und Recht 1998, 191f.
[118] 2.Abschnitt: Infrastruktur und Eigentumsrechte (§§ 5-11 TKG)
[119] Das ursprünglich aus dem Jahre 1929 stammende „Telegraphenwegegesetz" wurde umfassend novelliert und in „Telekommunikationswegegesetz" unbenannt. (BGBl 1929/435 idF BGBl 1970/20 und BGBl I 1997/100)
[120] Grundsätzlich sind die Bestimmungen des TKG und TWG im Zusammenhang zu lesen. Allerdings entstehen dabei zahlreiche Fragen, die durch Auslegung in den konkreten Rechtsfällen – sofern möglich – zu lösen sind.
[121] § 1 Abs 2 Z 1 TKG.
[122] Dies wird in der Literatur auch als Infrastrukturfreiheit bezeichnet.

In diesem Sinne ist gemäß § 5 Abs 1 TKG sowohl das Errichten als auch das Betreiben von Netzen für Telekommunikationszwecke **grundsätzlich bewilligungsfrei**. Um eigene Infrastrukturen aufbauen zu können, benötigt man allerdings vor allem Zugang zu öffentlichen und privaten Grundstücken. So sind trotz der Bewilligungsfreiheit für das Errichten und Betreiben von Netzen die **Bestimmungen über die Wegerechte** zu beachten.

Den neuen Wettbewerbern werden für den Bau ihrer Netze **weit gehende Leitungsrechte** eingeräumt. Diese umfassen gemäß § 1 Abs 1 TWG:
- die Errichtung, Erweiterung und Erhaltung von Telekommunikationslinien im Luftraum oder unter der Erde
- die Anbringung und Erhaltung von Leitungsstützpunkten, Vermittlungseinrichtungen und sonstigen Leitungsobjekten
- die Einführung von Kabelleitungen in Gebäuden und sonstigen Baulichkeiten
- den Betrieb dieser Anlagen

2. Begründung neuer Leitungsrechte

a) Leitungsrechte an öffentlichem Gut

Inhabern einer Konzession zur Erbringung eines öffentlichen Telekommunikationsdienstes stehen Leitungsrechte an **öffentlichem Gut**[123] **unentgeltlich** zu (§ 6 Abs 1 TKG, § 1 Abs 4 TWG). Öffentliches Gut sind etwa Strassen, Fußwege, öffentliche Plätze, der darüber liegende Luftraum. Dabei dürfen allerdings überwiegende öffentliche Interessen nicht im Wege stehen.

b) Leitungsrechte an Privatgrundstücken

Darüber hinaus stehen Inhabern einer Konzession zur Erbringung eines öffentlichen Telekommunikationsdienstes und anderen Anbietern öffentlicher Telekommunikationsdienste[124] auch **Leitungsrechte an privatem Grund** zu (§8 Abs 2 TKG und § 1 Abs 3 TWG). Voraussetzung dafür ist, dass
- die widmungsgemäße Verwendung des Grundstücks durch die Nutzung nicht oder nur unwesentlich dauernd eingeschränkt ist
- sich auf dem Grundstück noch keine Telekommunikationslinien, Leitungsstützpunkte, Vermittlungseinrichtungen, sonstige Leistungsobjekte und Zubehör befindet
- überwiegende öffentliche Rücksichten nicht im Wege stehen.

Sind diese Voraussetzungen erfüllt, haben die Eigentümer oder sonst Nutzungsberechtigten die Errichtung, den Betrieb, die Erweiterung oder Erneuerung von Telekommunikationslinien zu dulden und werden hierfür mit einer einmaligen Abgeltung entschädigt[125].

3. Mitbenutzung bestehender, anderen Zwecken dienender Infrastruktureinrichtungen

Ebenso können nach § 8 Abs 1 TKG und § 1 Abs 5 TWG **bereits bestehende Leitungen**, die ursprünglich zu einem anderen Zweck errichtet wurden, **auch für die Zwecke der Telekommunikation verwendet** werden. Zu denken ist hierbei etwa an die Leitungen der Elektrizitätsunternehmen, die auf der Basis des Starkstromwegegesetzes errichtet wurden. Dabei hat der Eigentümer des Grundstückes, auf welchem sich diese Leitungen und Anlagen befinden, die erweiterte Nutzung zu dulden, sofern diese keine weitere Erschwernis oder Be-

---

[123] Das öffentliche Gut umfasst jene Sachen, die im Eigentum des Staates stehen und an denen Gemeingebrauch besteht. Was alles öffentliches Gut i.S. von § 6 TKG ist, ist nicht immer leicht zu bestimmen.
[124] Andere Anbieter öffentlicher Telekommunikationsdienste sind etwa Betreiber von Kabelfernsehnetzen, die einen öffentlichen Telekommunikationsdienst wie etwa Internet oder Sprachtelefonie über ihre Netze erbringen.
[125] Siehe dazu unten Punkt VI.B.5.

einträchtigung für das Grundstück darstellt. Für die erweiterte Nutzung ist dem Grundeigentümer eine angemessene Entschädigung zu bezahlen[126].

4. Mitbenutzungsrechte

Da auch die Verlegungen von Leitungen in Grund und Boden gewissen **Beschränkungen**[127] unterliegen, war es geboten, um die von der Wettbewerbsrichtlinie verlangte Gleichbehandlung aller Telekommunikationsbetreiber umzusetzen, auch **Regelungen für die Mitbenutzung** vorhandener Infrastrukturen für Dritte unter bestimmten Voraussetzung zu ermöglichen.

So sieht § 7 TKG iVm § 1a TWG vor, dass wer ein Wegerecht nach TKG, TWG oder anderen Bundesgesetzen bereits in Anspruch genommen hat, die Mitbenutzung der aufgrund dieser Rechte errichteten Telekommunikationslinien gestatten muss, wenn:
- demjenigen, der die Mitbenutzung begehrt, die Inanspruchnahme öffentlichen Guts nicht möglich ist.
- Mitbenutzung für den Inhaber der Telekommunikationslinie wirtschaftlich zumutbar und technisch vertretbar ist.

Hierfür ist dem Mitbenutzungsverpflichteten ein angemessener geldwerter Ausgleich zu leisten[128].

§ 7 Abs 2-8 TKG regelt neuerdings[129] auch die Mitbenutzung („**site-sharing**") von Mobilfunkantennen bzw. Starkstromleitungen. Diese Regelungen stellen auf die besonderen Bedürfnisse von Mobilfunkbetreibern ab.

5. Rechtsdurchsetzung

Das Verfahren zur Geltendmachung von Leitungsrechten ist im TWG geregelt[130]. Gemäß § 9 TKG hat der Leistungsberechtigte den Eigentümer[131] über die beabsichtigten Herstellungen zu verständigen. Innerhalb von zwei Wochen nach Zustellung der Verständigung können Einwendungen gegen derartige Leitungsrechte, bei demjenigen, der diese geltend gemacht hat, erhoben werden[132]. Hält der Leitungsberechtigte diese Einwende für nicht begründet, hat er nach § 10 Abs 5 TWG die Behörde anzurufen.[133]

Ein eigenes Verfahren besteht für den Fall, dass Streit über die Höhe einer zu leistenden Abgeltung im Sinne von § 6a TWG besteht. Kommt es bezüglich der Entschädigung für Leitungsrechte an Privatgrundstücken oder für Mitbenutzungsrechte zu keiner Einigung, entscheidet die gemäß § 18 TWG zuständige Behörde aufgrund der Schätzung eines beeideten Sachverständigen mit Bescheid[134]. Jede Partei kann gemäß § 15 Abs 3 TWG innerhalb von drei Monaten ab Erlassung des Bescheides die Festsetzung des Betrages beim zuständigen

---

[126] Für diese Nutzung hatte die Regulierungsbehörde gemäß §8 Abs 1 TKG einheitliche Entschädigungsrichtsätze festzulegen. Der bundeseinheitliche Richtsatz beträgt ATS 26 pro Laufmeter.
[127] Umweltschutz, Baubewilligungen, Eigentumsrechte
[128] Siehe dazu unten Punkt VI.B.5.
[129] Diese Bestimmungen sind durch die TKG-Novelle, BGBl 1999/27 neu aufgenommen worden.
[130] Das TKG enthält hierzu keine Bestimmungen.
[131] Im Falle der Geltendmachung eines Leistungsrechtes an einem öffentlichen Gut hat der Leistungsberechtigte die beteiligten Verwaltungen zu verständigen (§ 9 Abs 1 TWG); werden Leistungsrechte an fremden privaten Liegenschaften geltend gemacht, so sind dem Grundstückseigentümer die beabsichtigten Herstellungen bekannt zu geben (§ 9 Abs 2 TWG); im Falle der Geltendmachung von Mitbenutzungsrechten sind die Eigentümer der in Anspruch genommenen Telekommunikationslinie von der Inanspruchnahme zu verständigen (§ 9 Abs 3 TWG)
[132] § 10 Abs 1 TWG.
[133] Gemäß § 18 TWG ist in erster Instanz die örtlich in Betracht kommende Fernmeldebüro und in zweiter Instanz der Bundesminister für Wissenschaft und Verkehr zuständig.
[134] § 15 Abs 1 TWG.

Bezirksgericht[135] begehren. Mit Anrufung des Gerichts tritt der Bescheid hinsichtlich des Ausspruchs über die Abgeltung oder den Ausgleich außer Kraft.

---

[135] Zuständig ist jenes Bezirksgericht in dessen Sprengel sich der Gegenstand des Nutzungsrechts befindet.

VII. VERWALTUNG KNAPPER RESSOURCEN

A. VERWALTUNG VON FREQUENZEN

Frequenzverwaltungs- und Zuteilungsschema im Überblick:

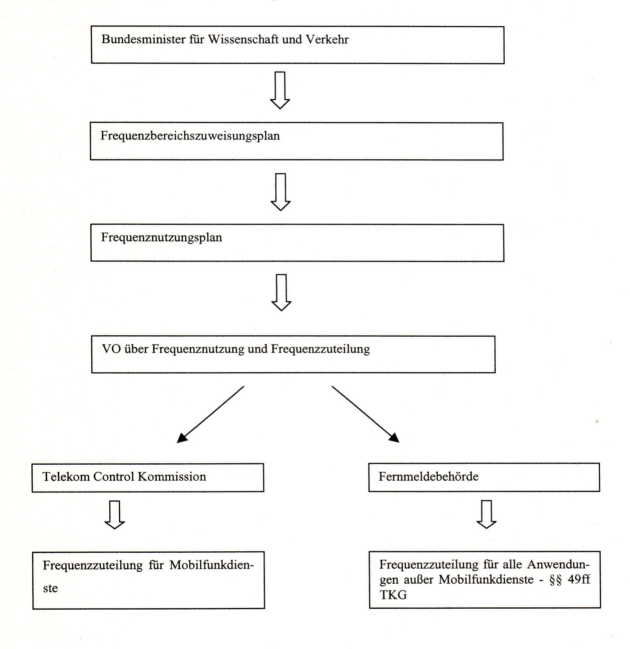

Frequenzen werden für eine Reihe von Anwendungen und Diensten, wie zB. Mobilfunk, Richtfunkstrecken, Amateurfunk, Seefunk und dergleichen benötigt. Dabei bedarf es, um **effi-**

ziente und störungsfreie Nutzung von Frequenzen gewährleisten zu können, einer einheitlichen Regelung.

Von großer Bedeutung sind in diesem Zusammenhang internationale Vereinbarungen, da es gerade in Grenzgebieten zu Frequenzkonflikten kommen kann. Als wichtigste Vereinbarung ist der **internationale Fernmeldevertrag**[136] zu nennen. In ihm ist die internationale Zusammenarbeit im Bereich der Telekommunikation geregelt. Der Vertrag gliedert sich in die Konstitution[137] und Konvention[138] der **Internationalen Fernmeldeunion (ITU)**[139]. In regelmäßigen Abständen finden von der Internationalen Fernmeldeunion organisierte **Weltkonferenzen (World Radio Conferences)** statt, auf denen über internationale Frequenzzuweisungen entschieden wird. Ferner erfolgt eine laufende Koordination der Frequenznutzung auf bilateraler Ebene mit den Fernmeldeverwaltungen der Nachbarstaaten.

Auf der Grundlage dieser internationalen Vereinbarungen wird dann innerstaatlich das zugewiesene Frequenzspektrum verwaltet. Diese Aufgabe hat gemäß § 47 Abs 1 TKG der **Bundesminister für Wissenschaft und Verkehr** zu besorgen. Die Frequenzverwaltung erfolgt dabei auf verschiedenen Stufen:

- **Frequenzbereichszuweisungsplan** (§ 47 Abs 2 TKG)
  Zunächst hat der BMWV in einer Verordnung, dem so genannten Frequenzbereichszuweisungsplan, eine grobe Zuordnung von Frequenzbereichen zu bestimmten Funkdiensten vorzunehmen.
- **Frequenznutzungsplan** (§ 48 Abs 1 TKG)
  Auf der Grundlage des Frequenzbereichszuweisungsplanes hat der BMWV ebenfalls in Form einer Verordnung einen Frequenznutzungsplan zu erstellen. Dieser Frequenznutzungsplan hat eine detaillierte Aufteilung der Frequenzbereiche auf Frequenznutzungen sowie Festlegungen für diese Frequenznutzungen zu enthalten.
- **Verordnung für Frequenznutzung und Frequenzzuteilung** (§ 49 Abs 3 TKG)
  In einer weiteren Verordnung kann der BMWV allenfalls noch die näheren Bestimmungen über die Frequenznutzung und Frequenzzuteilung festlegen.

Die konkrete Frequenzzuteilung erfolgt dann je nach Dienst, entweder durch die Telekom-Control-Kommission oder durch die Fernmeldebehörde.

Dabei werden Frequenzen für Mobilfunkdienste durch die Telekom-Control-Kommission gemäß §§ 20ff TKG vergeben[140]. Die Regulierungsbehörde erhält diese Frequenzen gemäß § 47 Abs 3 TKG über deren Ersuchen oder von Amts wegen vom Bundesminister für Wissenschaft und Verkehr. Dabei sind jedenfalls der Verwendungszweck und die technischen Nutzungsbedingungen bekannt zu geben.

Die Frequenzzuteilung für alle anderen Dienste oder Anwendungen als den Mobilfunk richtet sich nach den §§ 49ff TKG. Grundsätzlich setzt die Inbetriebnahme jeder Frequenz

---

[136] Die Satzung der internationalen Fernmeldeunion samt dem Vertrag der Internationalen Fernmeldeunion (Genf 1992) samt Anlagen und Fakultativprotokoll sowie Änderungsurkunden von Kyoto 1994 samt Anlage und Vorbehalte der Republik Österreich wurde durch den österreichischen Nationalrat genehmigt. Der Beschluss ist im BGBl III 17/1998 kundgemacht. Die Dokumente selbst sind unter http://www.itu.int/publications abrufbar.
[137] Die Konstitution regelt den Aufbau und die Aufgaben der ITU, enthält Regeln über die Rechte und Pflichten der Mitglieder, sowie grundlegende Bestimmungen über den Funk- und Fernmeldedienst.
[138] Die Konvention enthält Regelungen über die Arbeitsweise der ITU und ihrer Sektoren, sowie über die Einberufung von Konferenzen und Tagungen.
[139] Die Internationale Fernmeldeunion ist mit ihrer Gründung im Jahre 1985 die älteste der heutigen Sonderorganisationen der Vereinten Nationen. Zu ihren Aufgaben zählen die Zuweisung der Frequenzbereiche, Förderung einer Standardisierung im Telekommunikationswesen, Förderung einer internationalen Zusammenarbeit im Telekommunikationswesen, etc.
[140] Zur Vergabe von Konzessionen für öffentliche Mobilfunkdienste siehe näheres unten Punkt VII.B.

eine **Betriebsbewilligung der Fernmeldebehörde** voraus[141]. D.h. jede Frequenz darf nur aufgrund einer Zuteilung durch die Behörde benutzt werden[142]. Dabei haben die Behörden, auf der Grundlage des Frequenznutzungsplans, diskriminierungsfrei, in einem nachvollziehbaren und objektiven Verfahren, die Frequenzzuteilungen vorzunehmen[143].

Gemäß § 49 Abs 2 TKG sind Frequenzen zur Nutzung zuzuteilen, wenn:
- die vorgesehene Nutzung im Frequenznutzungsplan ausgewiesen ist
- sie verfügbar sind
- und die Verträglichkeit mit anderen Frequnezznutzungen gegeben ist.

Sind diese Voraussetzungen gegeben, werden die Frequenzen grundsätzlich allein aufgrund eines entsprechenden Antrags vergeben. Es gilt das „**first-come, first served**" Prinzip[144]. Die Behörde hat über einen Antrag grundsätzlich binnen sechs Wochen zu entscheiden[145]. Nur wenn sich ein Frequnezmangel für einzelne öffentliche Nutzungsarten ergibt, hat die Behörde gemäß § 49 Abs 4 TKG die Zuteilung der Frequenzen unter sinngemäßer Anwendung der §§ 20 ff TKG vorzunehmen[146].

B. VERGABE FÜR KONZESSIONSPFLICHTIGE MOBILFUNKDIENSTE

Wie bereits oben erwähnt, unterliegt das Erbringen des mobilen Sprachtelefondienstes und anderer öffentlicher Mobilfunkdienste mittels selbst betriebener Mobilkommunikationsnetze der Konzessionspflicht gemäß § 14 TKG[147]. Da es sich bei Funkfrequenzen um ein knappes Gut handelt, unterscheidet sich das Konzessionsverfahren im Mobilfunkbereich wesentlich von jenem im Festnetzbereich. Regelungen für dieses Verfahren finden sich in den §§ 20 ff TKG.

Gemäß § 22 Abs 2 TKG hat die Telekom-Control-Kommission – sofern Frequenzspektrum verfügbar ist – bei Vorliegen eines Konzessionsansuchens oder bei Bedarf von Amts wegen die **Vergabe einer Mobilfunkkonzession öffentlich auszuschreiben**. Die Vergabe erfolgt nach dem Grundsatz eines offenen, fairen und nichtdiskriminierenden Verfahrens. So ist die Ausschreibung im Amtsblatt der Wiener Zeitung zu veröffentlichen und eine mindestens zweimonatige Frist zu bestimmen, innerhalb derer Anträge auf Erteilung der Konzession gestellt werden können. Die Konzession kann für bestimmte Dienste und für bestimmte Versorgungsgebiete ausgeschrieben werden. Weiters hat die Ausschreibung wirtschaftliche und technische Daten hinsichtlich des Telekommunikationsdienstes, sowie Auflagen im Zusammenhang mit Qualität und Versorgung, zu enthalten.

---

[141] § 49 Abs 1 TKG.
[142] Bei der Zuteilung von Frequenzen handelt es sich um Einzelgenehmigungen. (Näheres siehe oben Punkt V.B.) Gemäß Art 7 Abs 1 lit a RL 97/13/EG dürfen Einzelgenehmigungen auch für den Zweck dem Genehmigungsträger Zugang zu Funkfrequenzen oder Nummern zu erlauben, vorgesehen werden.
[143] Dies entspricht den europarechtlichen Vorgaben, wo in Art 1 Abs 3 RL 96/2/EG bestimmt wird, dass die Vergabe von Funkfrequenzen nach objektiven Kriterien erfolgen muss und das Verfahren transparent sein und in angemessener Weise veröffentlicht werden muss.
[144] Neben dem „first come-first served" Prinzip gibt es noch zwei andere Möglichkeiten Frequenzen zu vergeben. Zum einen das Versteigerungsverfahren, wo derjenige Konzessionswerber, der das höchste Frequenznutzungsentgelt zahlt, die Konzession erhält. Die Versteigerung ist das im TKG für die Vergabe von Frequenzen für Mobilfunkdienste bzw. für Frequenzen, an denen ein Mangel besteht, vorgesehene Verfahren. Zum anderen der so genannte „beauty contest", wonach derjenige Betreiber den Zuschlag erhält, der am besten geeignet erscheint, die Nachfrage der Kunden zu befriedigen. Dabei werden die Bewerber nach bestimmten Kriterien, wie Fachkunde, Leistungsfähigkeit, Versorgungsgrad und dergleichen beurteilt.
[145] Gemäß Art II Abs 2 lit A EGVG ist das AVG auf das behördliche Verfahren der Fernmeldebüros anzuwenden, d.h. sie entscheiden grundsätzlich in Bescheidform.
[146] Die §§ 20ff regeln die Vergabe für öffentliche Mobilfunkdienste durch die Telekom-Control-Kommission, dazu näheres unten Punkt VII.B.
[147] Näheres oben Punkt V.B.

Sobald die Ausschreibung veröffentlicht worden ist, ist die Behörde grundsätzlich daran gebunden. Die Aufhebung der Ausschreibung ist nur aus wichtigem Grund zulässig, eine Änderung nur, wenn sich die Rechtslage ändert.

An der öffentlichen Ausschreibung kann sich grundsätzlich jedermann beteiligen. Die Erteilung der Konzession erfolgt dann nach einem **zweistufigen Verfahren**.

Im ersten Schritt wird geprüft, ob die Antragsteller die allgemeinen Voraussetzungen nach § 15 Abs 2 TKG erfüllen. Danach müssen sie über technische Fähigkeiten, Finanzkraft, Erfahrung und Fachkunde verfügen. Ist dies nicht der Fall, sind sie mittels Bescheid vom weiteren Konzessionsvergabeverfahren auszuschließen.

In der Folge kommt es unter den restlichen Konzessionswerbern zu einer **Versteigerung der Konzession**. Dabei ist die Konzession jenem Antragsteller zu erteilen, der die effizienteste Nutzung der Frequenzen gewährleistet. Dies ist gemäß § 22 Abs 1 TKG derjenige – so die gesetzliche Vermutung – der das **höchste Frequenznutzungsentgelt** zahlt[148].

Genaue Vorgaben für die Durchführung der Versteigerung sieht das Telekommunikationsgesetz nicht vor. Die konkreten Verfahrensregeln werden von der Telekom-Control-Kommission jeweils in einer Verfahrensanordnung festgelegt. In der Regel haben die Konzessionswerber in einem **aufsteigenden Mehrrundenverfahren** die Möglichkeit ihr im Antrag angebotenes Frequenznutzungsentgelt nachzubessern und derjenige, der am besten bietet, erhält die Konzession samt dem im Konzessionsbescheid zugeteilten Frequenzspektrum.

Das TKG sieht vor, dass **Konzessionen befristet vergeben werden können**, wenn dies wegen der Frequenzknappheit und -widmung erforderlich ist. Da Frequenzen nicht unbeschränkt verfügbar sind, geht die Telekom-Control-Kommission davon aus, dass dies immer erforderlich ist, so dass Mobilfunkkonzessionen de facto nur befristet vergeben werden.

Die Regulierungsbehörde kann gemäß § 22 Abs 10 TKG noch **nachträglich** eine **Änderung** der im Konzessionsbescheid zur Nutzung zugewiesenen Frequenzen vornehmen, wenn dies auf Grund geänderter technischer oder rechtlicher Voraussetzungen im Interesse einer effizienten Frequenznutzung und eines fairen Wettbewerbs zwingend erforderlich ist. Solche Änderungen dürfen allerdings nicht grundsätzlicher Art sein. Eine Änderung grundsätzlicher Art liegt etwa bei der Zuteilung weiterer Frequenzen an einen Konzessionsinhaber vor. Dies stellt eine **Konzessionserweiterung** gemäß § 20 Abs 4 TKG vor. In diesem Fall gelten primär die Regelungen in der Konzession, sind keine vorhanden, ist ein neuerliches Verfahren gemäß § 22 TKG durchzuführen.

In diesem Zusammenhang ist auf die **Übergangsbestimmung des § 125 Abs 3 TKG**[149] zu verweisen. Diese sieht vor, dass die Behörde den zum Zeitpunkt des Gesetzesbeschlusses bestehenden Inhabern einer Mobilfunkkonzession – konkret Mobilkom Austria und max.mobil – bei Bedarf zusätzliche Frequenzen im Ausmaß von jeweils 5 Mhz aus dem für DCS-1800 reservierten Frequenzbereich[150] zuweisen darf, wenn seit der Rechtskraft des Kon-

---

[148] Ob tatsächlich derjenige, der das höchste Frequenznutzungsentgelt zahlt, auch die effizienteste Nutzung der Frequenzen gewährleisten kann, ist allerdings umstritten, siehe dazu *Koenig/Schäfer,* Versteigerung von Telekommunikationslizenzen und Europäisches Gemeinschaftsrecht, Kommunikation und Recht 1998, 243.
[149] Dazu ausführlicher *Mayer,* Die Vergabe von Mobilfunkfrequenzen und das europäische Wettbewerbsrecht Medien und Recht, 1998, 178 ff.
[150] DCS-1800 ist eine digitale Mobilfunktechnologie, die technisch eng mit der GSM-900 Technologie verwandt ist.

zessionsbescheides des Lizenzwerbers für die 1997 zu vergebende DCS-1800-Konzession[151] zumindest drei Jahre vergangen sind. Vor diesem Zeitpunkt können ihnen zusätzliche Frequenzen nur dann zugewiesen werden, wenn deren Teilnehmerkapazität nachweislich unter Ausnutzung aller wirtschaftlich vertretbarer technischer Möglichkeiten ausgeschöpft ist.

Der durch die erste TKG-Novelle[152] eingefügte **§ 125 Abs 3a TKG** sieht vor, dass im restlichen für DCS 1800 reservierten Frequenzbereich eine Konzession mit einer bundesweiten Versorgungspflicht zu vergeben ist und darüber hinaus mehrere andere nicht bundesweite Konzessionen vergeben werden sollen. Dabei sind Inhaber einer Konzession zur Erbringung des öffentlichen Sprachtelefondienstes mittels Mobilfunk von der Vergabe einer weiteren Konzession mit bundesweiter Versorgungspflicht im DCS-1800 reservierten Frequenzbereich ausgeschlossen[153].

Dieser temporäre Ausschluss der Vergabe der, erst später als die GSM-900 vergebenen, DCS-1800 Frequenzen, erfolgt aus wettbewerbspolitischen Gründen, vor allem um dem damals neuen Inhaber der DCS-1800-Lizenz – konkret Connect Austria (ONE) – eine entsprechende Planungssicherheit zu geben. Gleichzeitig soll aber auch gewährleistet werden, dass technische und wirtschaftliche Entwicklungen im Mobilfunkbereich nicht blockiert werden. Auf der Grundlage dieser Übergangsbestimmung sind mittlerweile sowohl mobilkom als auch max.mobil weitere Frequenzen zugeteilt worden. Die Connect Austria (ONE) hat, mit der Begründung, dass dadurch die marktbeherrschende Stellung der bestehenden Mobilfunkbetreiber ausgedehnt würde und dies einen effektiven Wettbewerb gefährdet, gegen den Bescheid der Telekom-Control-Kommission über die Zuweisung von zusätzlichen Frequenzen an die Mobilkom, Beschwerde zunächst beim VfGH und in der Folge beim Verwaltungsgerichtshof erhoben, der nun den Europäischen Gerichtshof im Vorabentscheidungsverfahren angerufen hat.[154]

C. DIE DRITTE MOBILFUNKGENERATION[155]

Derzeit im Mobilfunkbereich heftig diskutiert wird die Einführung der dritten Mobilfunkgeneration. **UMTS (Universal Mobile Telecommunications System)** ist trotz seines Namens nur das europäische Teilsystem innerhalb des **IMT-2000 (International Mobile Telekommunication 2000)** Systems. Es ist derzeit in Entwicklung und soll im kommenden Jahrzehnt die zweite digitale Generation (GSM) ergänzen bzw. ersetzen. Diese dritte Mobilfunkgeneration kann nicht nur Sprache und schmalbandige Datenanwendungen übertragen, sondern auch jede Form der Breitbandkommunikation – etwa Videos, Musik und Grafiken[156].

In einer Entscheidung des europäischen Rates[157] wurden die regulatorischen Rahmenbedingungen für die Einführung der dritten Mobilfunkgeneration festgelegt. Die **UMTS-Entscheidung** verpflichtet die Mitgliedstaaten bis zum 1.1.2000 einen rechtlichen Rahmen für die Vergabe von UMTS-Lizenzen zu errichten, um eine Einführung von UMTS Diensten in den Mitgliedstaaten bis zum 1.1.2002 zu gewährleisten.

---

[151] Diese Konzession wurde an die Connect Austria (ONE) vergeben.
[152] BGBl I 1998/98.
[153] Diese bundesweite Konzession wurde im Mai 1999 an tele-ring vergeben.
[154] Siehe oben FN 107.
[155] Näheres bei *Taucher/Vartian*, Die Vergabe von Frequenzen für Mobilfunksysteme der 3. Generation (UMTS) Medien und Recht 1999, 247; *Lehofer*, Konzessionen und Frequenznutzungsentgelte für UMTS/IMT-2000 – eine Replik, Medien und Recht 1999, 307.
[156] Dabei sind Übertragungen bis zu 2 Mbit/s möglich.
[157] Entscheidung 128/1999/EG des Parlaments und des Rates vom 14.12.1998 über die koordinierte Einführung eines Drahtlos- und Mobilkommunikationssystems, Abl L 17 v. 22.1.99, 1 ff.

In Österreich sind die Konsultationen[158] bereits abgeschlossen. Das Frequenzspektrum für UMTS-Lizenzen steht frei, die Vergabe der Frequenzen wird voraussichtlich um die Jahreswende 2000/2001 erfolgen. Dennoch sind noch immer wesentliche Fragen offen. Problematisch wird vor allem die Gestaltung eines fairen und nichtdiskriminierenden Vergabeverfahrens. Im Konsultationspapier der Telekom-Control wird als Vergabemodus ein **simultanes Mehrrundenverfahren** propagiert, dessen konkrete Ausgestaltung derzeit noch diskutiert wird. Eine simultane Vergabe der UMTS/IMT-2000 Konzessionen auf der Grundlage der derzeitigen gesetzlichen Bestimmungen ist zurzeit noch mit großen rechtlichen Unsicherheiten verbunden.

D. RUFNUMMERNVERWALTUNG

Nummern sind gemäß § 52 Z 3 TKG **Ziffernfolgen, die in Telekommunikationsnetzen Zwecken der Adressierung dienen**. D.h. der Zugang zu Telekommunikationsnetzen und –diensten wird über Nummern hergestellt. Da Nummern (zumindest potentiell) knappe Ressourcen sind, ist es geboten, sie entsprechend ökonomisch zu verwalten und nutzen.
Somit ist eine geordnete und strukturierte Verwaltung der Nummern, die insbesondere durch unabhängige Behörden zu erfolgen hat, notwendig, um einen chancengleichen und gerechten Wettbewerb zu ermöglichen.

Um grenzüberschreitende Telekommunikation zu ermöglichen bestehen für die Rufnummernstruktur **internationale Vorgaben** durch die internationale Fernmeldeunion (ITU)[159]. So gibt es etwa von dem für Standardisierungsfragen zuständigen Organ der ITU, das **CCITT** (Comité Consultatif International Téléphonique et Télégraphique) Empfehlungen für den Aufbau internationaler Nummern. Danach darf eine internationale Nummer maximal 15 Stellen lang sein und muss eine bestimmte Struktur aufweisen. Darüber hinaus strebt man auf internationaler Ebene auch eine Harmonisierung von Nummern für bestimmte Dienste[160] an.

Auf europarechtlicher Ebene finden sich erste Regelungen zum Thema Nummerierung in der Zusammenschaltungsrichtlinie[161]. Nach Art 12 RL 97/33/EG haben die Mitgliedstaaten adäquate Nummern und Nummerierungsbereiche für alle öffentlichen Telekommunikationsdienste sicherzustellen. Die Verwaltung der nationalen Nummerierungspläne soll durch unabhängige Behörden erfolgen, die Zuweisung von Nummern und Nummerierungsbereichen muss in objektiver, transparenter und nichtdiskriminierender Weise durchgeführt werden. Darüberhinaus wird in der Zusammenschaltungsrichtlinie die frühestmögliche Einführung der Übertragbarkeit von Nummern gefordert[162]. Hinsichtlich der Übertragbarkeit von Nummern und der Betreibervorauswahl wird die Zusammenschaltungsrichtlinie durch die RL 98/61/EG[163] geändert. Diese sieht die Herstellung der Nummernübertragbarkeit und der freien Verbindungsnetzbetreiberauswahl[164] bis zum 1.1.2000 vor.

Regelungen über Nummern waren bisher in den fernmelderechtlichen Bestimmungen nicht enthalten. Bis zur Marktöffnung wurden Nummern allein von der PTV verwaltet, die auf Grund eines Nummernplans diese entsprechend ihren Bedürfnissen zuteilen und vergeben

---

[158] Das Ergebnis der Konsultationen ist auf der website der Telekom-Control-GmbH (http://www.tkc.at) abrufbar
[159] Näheres zur ITU siehe oben Punkt VII.A.
[160] So etwa für bestimmte entgeltfreie oder entgeltpflichtige Mehrwertdienste und dgl.
[161] RL 97/33/EG, siehe FN 59.
[162] Art 12 RL 97/33/EG verlangt die Übertragbarkeit der Nummern bis zum 1.1.2003 zumindest in allen größeren Bevölkerungszentren.
[163] Siehe FN 60.
[164] Zur Verbindungsnetzbetreiberauswahl siehe näheres oben Punkt I.B.

konnte. Durch die Liberalisierung der Telekommunikationsmärkte wurde eine völlige Neuordnung der Nummerierungspläne – um allen Anbietern einen chancengleichen Zugang zu Nummern und Adressierungselementen zu ermöglichen – erforderlich.

Das TKG selbst enthält nur sehr kursorische Bestimmungen über die Nummerierung. Gemäß § 54 TKG hat der Bundesminister für Wissenschaft und Verkehr die Grundsätze für die Verwaltung und Nutzung der Nummern durch Nummerierungspläne in Form einer Verordnung vorzugeben. Auf Grund dieser Vorgaben hat dann die konkrete Verwaltung und Nutzung durch die Regulierungsbehörde (Telekom-Control GmbH) zu erfolgen[165].
Gemäß § 57 Abs 2 TKG hat sie auf Antrag **Nummernblöcke auf eine objektive, nicht diskriminierende und nachvollziehbare Weise unter Bedachtnahme auf die Grundsätze der Chancengleichheit zuzuteilen**.

Näheres wir in der Nummerierungsverordnung[166], die zu grundsätzlichen Veränderungen in der Nummernverwaltung geführt hat, geregelt[167]. Die NVO sieht nun eine Einteilung des Bundesgebietes in 26 Areas vor. So sollen die bis jetzt noch immer geltenden ungefähr 1000 Ortskennzahlen durch 26 zweistellige Area-Codes ersetzt werden. Weiters werden die Bereichskennzahlen für besondere Dienste, wie etwa tariffreie Dienste oder Mehrwertdienste, neu bestimmt[168].

Ebenfalls in der NVO geregelt, ist die durch die RL 98/61/EG geforderte **Rufnummernportabilität** und **Verbindungsnetzbetreiberauswahl**[169]. Bei der Rufnummernportabilität wird konkret zwischen der **Betreiberportabilität** und der **geografischen Portabilität** unterschieden. So haben gemäß § 9 Abs 2 NVO die Festnetzbetreiber ab dem 1.1.2000 sicherzustellen, dass der Teilnehmer beim Wechsel des Betreibers und Verbleiben am selben Standort die ihm zuvor zugeteilte Nummer behalten kann. Auch die geografische Portabilität (der Teilnehmer kann seine Rufnummer auch bei einem Standortwechsel behalten) soll gemäß § 9 Abs 3 NVO ab dem 1.1.2000 innerhalb der Regionen möglich sein.

---

[165] § 57 Abs 1 TKG.
[166] Verordnung des Bundesministers für Wissenschaft und Verkehr über die Nummerierung (Nummerierungsverordnung – NVO), BGBl II 1997/416.
[167] Problematisch ist allerdings, dass in der Verordnung kein Übergangszeitraum bestimmt wird. Insofern ist der Umsetzungszeitpunkt noch nicht ganz klar. Zuständig für die Umsetzung des Nummerierungsplans ist gemäß § 16 NVO die Oberste Fernmeldebehörde, d.h. der BMWV.
[168] Für diese besonderen Dienste hat die TA gemäß § 14 Abs 2 NVO Nummernblöcke frei zu machen. (§ 14 Abs 3 NVO)
[169] §§ 9, 10 NVO.

VIII. UNIVERSALDIENST

A. ALLGEMEINES

Universaldienst in der Telekommunikation ist ein gesellschafts- und wirtschaftspolitisches Konzept mit dem Ziel, Dienste, die für die volle Teilnahme am wirtschaftlichen und gesellschaftlichen Leben notwendig sind, jeder Person zugänglich zu machen. Er wird aus den Mitteln des Sektors finanziert.

Für den Universaldienst bestehen grundsätzlich zwei Argumentationslinien:
- In den USA geht man vor allem vom Gesichtspunkt des Einzelnen aus, wonach im Rahmen des Grundrechts auf freie Meinungsäußerung jeder Bürger das **Recht auf** zeitadäquate **Information und Kommunikation** haben soll.
- In Europa werden eher **gesellschaftliche Aspekte** hervorgehoben. So wird vor allem betont, dass in der Informationsgesellschaft immer mehr Menschen im Arbeits- aber auch im Privatleben von modernen Kommunikationsmitteln abhängen werden. Da es für die Gesellschaft insgesamt von Vorteil und günstiger ist, wenn möglichst alle Zugang zu den wichtigsten neuen Kommunikationsmöglichkeiten haben, besteht ein breiter politischer Konsens darüber, dass Grundsätze des Universaldienstes auch in einem Wettbewerbsmarkt gewahrt werden müssen.

Im Grunde geht es somit bei beiden Ansätzen um eine **Versorgung der gesamten Bevölkerung mit bestimmten Diensten**.

In der Vergangenheit war es um einiges einfacher, als in einem wettbewerblich organisierten Markt, den Universaldienst sicherzustellen und zu finanzieren. Vor der Öffnung der Märkte versorgten idR die staatlichen Monopole – d.h. in Österreich die PTV – die Bevölkerung mit Universaldienstleistungen. Dabei handelte es sich um eine **gemeinwirtschaftliche Aufgabe**, die durch die nationale Politik und die ehemaligen Monopolisten selbst bestimmt wurde. Die PTV besaß eine Versorgungspflicht, wobei genaue Kriterien für den Universaldienst nicht bestimmt waren, wesentlich war lediglich, dass sie jede Nachfrage am Markt befriedigte. Die verursachten Kosten wurden aus Quersubventionen finanziert, deren genaue Höhe blieb unbekannt.

Die Liberalisierung der Telekommunikationsmärkte, einhergehend mit technologischen Veränderungen, Globalisierung und Kommerzialisierung, erforderten ein Überdenken der Politik. Da nicht bereits durch die Schaffung von Wettbewerb gewährleistet wird, dass jedem Nutzer bestimmte Grunddienste zur Verfügung stehen, sondern vielmehr die Gefahr besteht, dass sich die Wettbewerber lediglich auf die wirtschaftlich interessanten Gebiete (zB. Ballungszentren) konzentrieren werden, bedurfte es neuer Mechanismen, um den Universaldienst auch im Wettbewerbsmarkt sicherstellen zu können.

B. UNIVERSALDIENSTPOLITIK DER EU[170]

1. Allgemeines

Im Bereich des Universaldienstes wurde seitens der Europäischen Union ein europaweit harmonisiertes Konzept als notwendig erachtet, um das Vertragsziel einer Stärkung des wirtschaftlichen und sozialen Zusammenhalts innerhalb von Europa zu unterstützen.

So hat der Rat in einer Entschließung aus dem Jahre 1993[171] als wichtigstes Ziel der Gemeinschaftspolitik im Bereich der Telekommunikation die **Liberalisierung aller öffentlicher Sprachtelefondienste unter Aufrechterhaltung eines Universaldienstes** festgelegt.

2. Umfang des Universaldienstes

Universaldienst in einem wettbewerblichen Umfeld versteht Art 2 Abs 2 Z f der RL 98/10/EG als:

„ein Mindestangebot an Diensten von bestimmter Qualität, das allen Nutzern unabhängig von ihrem Standort und gemessen an den landesspezifischen Bedingungen, zu einem erschwinglichen Preis zur Verfügung steht".

Diese eher abstrakte Definition von Universaldienst wird in der Richtlinie 98/10/EG über die Anwendung des offenen Netzzugangs (ONP) beim Sprachtelefondienst und den Universaldienst inhaltlich näher bestimmt.
Hiernach gehören zum Universaldienst:
- die Bereitstellung von Netzanschlüssen und Zugang zu Telefondiensten (neben Sprachübertragung wird auch Zugang zu Online- und Informationsdiensten garantiert)
- der Zugang zu Vermittlungshilfe
- der Zugang zu Notruf- und Auskunftsdiensten
- die Bereitstellung öffentlicher Telefone
- und besondere Maßnahmen für behinderte Nutzer und Nutzer mit speziellen sozialen Bedürfnissen

Aus der formellen Definition von Universaldienst und den konkreten Anforderungen lassen sich die wesentlichen Elemente des Universaldienstes ableiten.

Demnach geht es den gemeinschaftsrechtlichen Vorschriften über den Universaldienst vor allem um eine **geografische Universalität der Dienste**, d.h., jedermann, unabhängig von seinem Standort, soll Zugang zu bestimmten Diensten haben. Dabei sind diese Dienste zu **erschwinglichen Preisen** zur Verfügung zu stellen. Da zwischen den Mitgliedstaaten der EU der Entwicklungsstand noch sehr unterschiedlich ist, ist dies durch die nationalen Regulierungsbehörden näher zu bestimmen. Darüber hinaus müssen die Universaldienste in einer **bestimmten Qualität**, die zu überprüfen ist, zur Verfügung gestellt werden. Als weiterer Kernpunkt des Universaldienstes ist die **Sicherstellung des gleichen Zugangs durch behinderte Nutzer und Nutzer mit besonderen sozialen Bedürfnissen** zu nennen.

3. Finanzierung des Universaldienstes

Vor der Liberalisierung der Telekommunikationsmärkte finanzierten die Monopolanbieter die Universaldienstkosten im Wege der Quersubventionierung. Dies ist in einem wettbewerbsorientierten Umfeld nicht mehr möglich, da es dadurch zu Wettbewerbsverzerrungen

---
[170] *Haag/Gosling*, Universal Service in the European Union Telecommunications Sector, in: *Kubicek/Dutton/Williams*, The Social Shaping of Information Superhighways (1997) 233.
[171] Entschließung des Rates vom 22.Juli 1993 zur Prüfung der Lage im Bereich der Telekommunikation und zu den notwendigen künftigen Entwicklungen in diesem Bereich, Abl. C 213 v. 6.8.93, 1ff..

kommt. Deshalb sind durch das Gemeinschaftsrecht konkrete Regelungen über die Berechnung und Finanzierung der Universaldienstkosten getroffen worden.

Im Anhang der Zusammenschaltungsrichtlinie[172] ist ein Schema für die Berechnung der Kosten des Universaldienstes vorgegeben. Danach ergeben sich die **Kosten des Universaldienstes** aus der Differenz zwischen den Nettokosten, die einer Organisation mit diesen Verpflichtungen und denen, die einer Organisation ohne diese Verpflichtungen entstehen. Dabei beruht die Berechnung auf den Kosten für Komponenten der betreffenden Dienste oder für die Bereitstellung für bestimmte Endbenutzer oder Gruppen von Endbenutzern, die ein Betreiber nach den üblichen kommerziellen Grundsätzen eines wettbewerbsorientierten Umfelds nicht bereitstellen beziehungsweise bedienen würde. Dabei ist allerdings auch der Marktvorteil, der einer Organisation aus der Bereitstellung eines Universaldienstes erwachsen kann, zu berücksichtigen. Zu denken wäre hier etwa an den Werbeeffekt, der durch das Aufstellen von öffentlichen Telefonzellen durch einen bestimmten Betreiber gegeben sein kann.

Wenn für einen Betreiber die Universaldienstverpflichtung eine unzumutbare Belastung darstellt, können die Mitgliedstaaten ein **Finanzierungssystem zur Aufteilung der Universaldienstkosten** unter den Telekommunikationsbetreibern vorsehen. Dabei sind bei der Festlegung der zu entrichtenden Beiträge die Grundsätze der Transparenz, der Nichtdiskriminierung und der Verhältnismäßigkeit zu berücksichtigen.

Hierbei sieht die Zusammenschaltungsrichtlinie zwei verschiedene Finanzierungsmodelle vor:
- Zum einen die Einrichtung eines **Universaldienstfonds**, in welchen grundsätzlich alle auf dem Markt tätigen Anbieter einzahlen und aus dem die Unternehmen, die die Universaldienstverpflichtungen erbringen, Zahlungen erhalten.
- Zum anderen besteht die Möglichkeit, die Finanzierung direkt durch Zahlungen an Unternehmen sicherzustellen, die den Universaldienst erbringen, was durch **Zuschläge zu den Zusammenschaltungsentgelten** erfolgen soll.

Eine Verpflichtung der Mitgliedstaaten zur Einführung solcher Systeme besteht nicht, aber sofern sie eingeführt werden, müssen sie den gemeinschaftsrechtlichen Vorschriften entsprechen. Als Alternative kann auch eine Finanzierung aus dem Budget des Mitgliedstaates erfolgen, wobei es sich aber nicht um unzulässige staatliche Beihilfen im Sinne der Art 87ff EGV (ex Art 92ff EGV) handeln darf.

C. UNIVERSALDIENST IN ÖSTERREICH

1. Begriff Universaldienst

§ 24 Abs 1 TKG bezeichnet als Universaldienst ein **Mindestangebot an öffentlichen Telekommunikationsdiensten**. Dazu zählen gemäß Abs 2:
- Zugang zum öffentlichen Sprachtelefondienst über einen Festnetzanschluss, über den auch Fax und Modem betrieben werden können
- kostenloser und ungehinderter Zugang zu Notrufdiensten
- Zugang zu Auskunftsdiensten
- Zugang zu den Verzeichnissen der Teilnehmer an öffentlichen Sprachtelefondiensten
- flächendeckende Versorgung mit öffentlichen Sprechstellen

Diese Definition vom Universaldienst entspricht grundsätzlich den Vorgaben der

---
[172] Siehe FN 59.

RL 98/10/EG zum Umfang des Universaldienstes. Nicht erwähnt im § 24 TKG werden jedoch die erforderlichen besonderen Maßnahmen für behinderte Nutzer oder Nutzer mit besonderen sozialen Bedürfnissen. Diese können aber **besondere Versorgungsaufgaben** im Sinne des § 27 TKG sein. Besondere Versorgungsaufgaben sind vom Bundesminister für Wissenschaft und Verkehr aus regional- und sozialpolitischen Gründen festzulegen. Dazu zählt z.B. die Gewährung von Sondertarifen für Studenten und Pensionisten. Diese unterscheiden sich vom Universaldienst im Wesentlichen durch ihre Finanzierung, die bei den besonderen Versorgungsaufgaben durch den Besteller[173] zu erfolgen hat.

2. Qualität des Universaldienstes

Gemäß § 25 TKG muss der Universaldienst **bundesweit flächendeckend**, zu einem **einheitlichen erschwinglichen Preis** in einer **bestimmten Qualität** verfügbar sein. Als erschwinglicher Preis wird im Gesetz jener Preis definiert, der zum 1.Jänner 1998 Gültigkeit hatte. Die Qualitätskriterien hat der Bundesminister für Wissenschaft und Verkehr durch Verordnung festzulegen[174]. Dabei sind jedenfalls zu regeln:
- übertragungstechnische Anforderungen
- die Frist zur Erlangung des Anschlusses
- die Verfügbarkeit
- die Störungshäufigkeit
- der Anteil erfolgreicher Verbindungen
- Reaktionszeit und Durchführungsdauer der Störungsbehebung
- maximale Wartezeit bei der Auskunft

3. Erbringer des Universaldienstes

Universaldienst und besondere Versorgungsaufgaben sind grundsätzlich **öffentlich auszuschreiben**. Gemäß § 28 TKG hat die Ausschreibung periodisch alle zehn Jahre zu erfolgen. Sollte bei der Ausschreibung kein Anbot gelegt werden, so ist der Erbringer eines öffentlichen Sprachtelefondienstes, der auf dem relevanten Markt über den größten Marktanteil verfügt, zur Erbringung des Universaldienstes zu verpflichten.

Derzeit hat aber auf Grund der Übergangsbestimmung in § 125 Abs 8 TKG die PTA (nunmehr TA AG) den Universaldienst zu erbringen. Frühestens 2002 ist dann zu überprüfen, ob die Voraussetzungen für eine Ausschreibung vorliegen. Diese sind erst dann gegeben, wenn auch ein alternativer Telekommunikationsbetreiber über die Ressourcen verfügt, die notwendig sind, um eine Versorgung der Bevölkerung im relevanten Bereich sicherzustellen.

4. Finanzierung des Universaldienstes

Gemäß § 29 TKG wird dem Universaldienstverpflichteten, sofern er über einen **Marktanteil** beim öffentlichen Sprachtelefondienst[175] von mehr als **80%** verfügt, zugemutet die **Universaldienstkosten selber zu tragen.** Daher hat die Telekom Austria derzeit die Universaldienstverpflichtungen nicht nur zu erbringen, sonder auch selber zu finanzieren.

Hat der den Universaldienst anbietende Diensteanbieter keinen Marktanteil von 80%, steht im gemäß § 29 Abs 1 TKG eine Abgeltung zu. Danach sind die Kosten, die trotz wirt-

---
[173] Da es sich bei diesen besonderen Versorgungsaufgaben um Dienste, welche aus regional- oder sozialpolitischen Gründen angeboten werden, handelt, werden die Besteller idR Bund, Land oder Gemeinde sein.
[174] Verordnung des Bundesministers für Wissenschaft und Verkehr, mit der Qualitätskriterien für den Universaldienst festgelegt werden (Universaldienstverordnung – UDV), BGBl II 1999/192.
[175] Festnetz- und Mobilsprachtelefonie zusammen.

schaftlicher Betriebsführung nicht hereingebracht werden können, dem Erbringer des Dienstes auf dessen Antrag zu ersetzen. Die Ermittlung des aus dem Universaldienst zu leistenden finanziellen Ausgleichs fällt in die Zuständigkeit der Telekom-Control-Kommission gemäß § 111 Z 3 TKG. Dabei hat sich die Kostenberechnung nach den Bestimmungen der Zusammenschaltungsrichtlinie zu richten. Der Erbringer des Universaldienstes hat diese Kosten durch geeignete Unterlagen, die er der Regulierungsbehörde vorlegen muss, nachzuweisen.

Zur Finanzierung des Universaldienstes sieht § 30 Abs 1 TKG die Einrichtung eines **Universaldienstfonds** durch die Regulierungsbehörde vor. In den Fonds haben alle Anbieter von öffentlichen Sprachtelefondiensten, sofern sie einen Jahresumsatz von mehr als 250 Mio. Schilling haben, entsprechend ihrem Umsatz einzuzahlen. Um die jeweiligen Beiträge der zur Einzahlung in den Universaldienstfonds Verpflichteten bestimmen zu können, haben diese auf Verlangen der Regulierungsbehörde ihre Umsätze zu melden.

IX. WETTBEWERBSREGULIERUNG

A. MARKTBEHERRSCHUNG UND MISSBRAUCHSKONTROLLE

Eines der Hauptziele des Telekommunikationsgesetzes ist die **Sicherstellung eines chancengleichen und funktionsfähigen Wettbewerbs** auf den Märkten der Telekommunikation. Da sich der Telekommunikationssektor gerade im Übergang vom Monopol zu einem wettbewerblichen Markt befindet, sieht das Telekommunikationsgesetz verschiedenste **Sonderregelungen für marktbeherrschende Unternehmen** vor, um dem Ungleichgewicht zwischen ehemaligen Monopolunternehmen und neuen Wettbewerbern zu begegnen und chancengleichen Wettbewerb zu schaffen.

Zentrale Bedeutung kommt daher der Feststellung zu, wer als marktbeherrschender Unternehmer eingestuft wird.

Gemäß § 33 Abs 1 TKG ist ein Unternehmer **marktbeherrschend** im Sinne des Gesetzes, wenn er:
- am sachlich und räumlich relevanten Markt keinem oder nur unwesentlichen Wettbewerb ausgesetzt ist oder
- auf Grund seiner Möglichkeit Marktbedingungen zu beeinflussen, seines Umsatzes im Verhältnis zur Größe des Marktes, seiner Kontrolle über den Zugang zu Endbenutzern, seines Zugangs zu Finanzmitteln sowie seiner Erfahrung mit der Bereitstellung von Produkten und Diensten auf dem Markt über eine im Verhältnis zu seinen Mitbewerbern überragende Marktstellung verfügt.

Es wird vermutet, dass ein Unternehmen marktbeherrschend ist, wenn er am sachlich und räumlich relevanten Markt über einen **Marktanteil von mehr als 25%** verfügt. Es handelt sich hierbei um eine gesetzliche Vermutung, die widerlegbar ist.

Grundsätzlich orientieren sich die Pflichten und die Definition der Marktbeherrschung an den einschlägigen EG-Richtlinien[176]. Dabei wird allerdings vom Gemeinschaftsrecht der Begriff „Organisation mit beträchtlicher Marktmacht" verwendet. Die unterschiedliche Begrifflichkeit „Organisation mit beträchtlicher Marktmacht" und „marktbeherrschendes Unternehmen"[177] könnte allerdings in Zukunft problematisch werden, da auf europarechtlicher Ebene im Kommunikationsbericht 1999[178] nunmehr angedacht wird, in Hinkunft zwischen „**Unternehmen mit beträchtlicher Marktmacht**" (significant market power operators), von denen idR ab einen Marktanteil von 25% gesprochen wird, und „**marktbeherrschenden Unternehmen**" (dominant operators), das sind jene die über ungefähr 50-60% Marktanteil verfügen, zu unterscheiden. Insofern wäre die Bezeichnung „Unternehmen mit beträchtlicher Marktmacht", statt „marktbeherrschendes Unternehmen" im TKG richtiger gewesen.

---

[176] Art 4 Abs3 RL 97/33/EG,(FN 59) Art 2 Abs 3 RL 97/51/EG (FN 56).
[177] Beide Begriffe umschreiben idR ein Unternehmen, das über einen Marktanteil von über 25% verfügt.
[178] Kommunikationsbericht 1999, 58f (FN 63)

Die Definition des „marktbeherrschenden Unternehmens" nach § 33 TKG weicht wesentlich von jener des § 34 KartG[179] ab. Grund dafür sind die besonderen Umstände am Telekommunikationsmarkt[180], der durch Unternehmen mit beträchtlichen Vormachtstellungen, die über wesentliche Einrichtungen, die zur Erbringung von Telekommunikationsdiensten notwendig sind, verfügen, geprägt ist. Das ausschließliche Vertrauen auf Marktkräfte und allgemeine Wettbewerbsregeln genügt auf diesem Markt nicht, um einen fairen Wettbewerb sicherzustellen. Deshalb ist ein **sektorspezifisches Wettbewerbsrecht**, das besondere Aufgaben und Pflichten für bestimmte dominante Marktteilnehmer, vorsieht, notwendig. Da den Marktbeherrschenden besondere Pflichten, die auf die Schaffung und Sicherstellung eines chancengleichen Wettbewerbs abzielen, treffen, die für andere nicht gelten sollen, bedarf es auch einer **sektorspezifischen Definition des „marktbeherrschenden Unternehmens"**.

Da aber gemäß § 32 Abs 2 TKG die Zuständigkeit des Kartellgerichts durch die Zuständigkeit der Regulierungsbehörde unberührt bleibt, und es keine Regelung gibt, die vorsieht, dass das allgemeine Kartellrecht nur dann gelten soll, wenn die sektorspezifischen Bestimmungen keine Spezialnorm enthalten, kann dies zu Schwierigkeiten führen, wenn die kartellgerichtliche Entscheidungspraxis von den Entscheidungen der Telekom-Control-Kommission abweicht.

Die Regulierungsbehörde[181] hat einmal jährlich im Amtsblatt zur Wiener Zeitung zu **veröffentlichen**, wer als marktbeherrschend einzustufen ist[182]. Derzeit sind dies:
- Telekom Austria AG in den Märkten Sprachtelefonie im Festnetz, Anbieten von Mietleitungen und Anbieten von Zusammenschaltungsleistungen
- Mobilkom Austria AG in den Märkten Mobil-Sprachtelefonie und Anbieten von Zusammenschaltungsleistungen
- max mobil Telekommunikations Service GmbH im Markt für Mobil-Sprachtelefonie

Große Schwierigkeiten bereitet es, den jeweils **sachlich und räumlich relevanten Markt** zu bestimmen. Grundsätzlich lässt sich als allgemeines **Hauptkriterium für die Marktabgrenzung** die **Substituierbarkeit aus der Sicht der Nachfrageseite** heranziehen[183].

Dies ist aber gerade im Telekommunikationssektor, der durch dynamische technologische Entwicklungen und neue Produkte geprägt ist, nicht immer einfach. Eine wichtige Orientierung zur Bestimmung des Marktes ist hierbei die Zusammenschaltungsrichtlinie, indem sie vier sachliche Teilmärkte vorgibt. Danach stellen die **Sprachtelefonie im Festnetz, die Sprachtelefonie im Mobilnetz, das Anbieten von Mietleitungen und das Anbieten von Zusammenschaltungsleistungen** jedenfalls zu beurteilende und voneinander zu trennende Märkte dar.

Hinsichtlich der räumlichen Abgrenzung ist das gesamte Bundesgebiet als ein Markt zu verstehen.

---

[179] Danach sind jene Unternehmen marktbeherrschend, die „...als Anbieter oder Nachfrager, keinem oder nur unwesentlichem Wettbewerb ausgesetzt sind, oder dem Wettbewerb von höchstens zwei Unternehmen ausgesetzt sind und am gesamten inländischen Markt einen Anteil von mehr als 5% haben, oder zu den vier größten Unternehmern gehören, die zusammen am gesamten inländischen Markt einen Anteil von mindestens 80% haben, sofern sie selbst einen Anteil von mindestens 5% haben, oder eine im Verhältnis zu den anderen Wettbewerbern überragende Marktstellung hat...."
[180] Näheres siehe oben Punkt I.A.
[181] Gemäß § 111 Z 5 die Telekom-Control-Kommission.
[182] § 33 Abs 3 letzter Satz TKG legt fest, dass die Veröffentlichung keine Rechtswirkung hat. Somit handelt es sich also um keinen Bescheid. Jedoch hat die Regulierungsbehörde gemäß § 33 Abs 4 auf Antrag eines betroffenen Unternehmens die Marktbeherrschung bescheidmäßig festzustellen.
[183] Ständige Rechtssprechung des EuGH und der Kommission, siehe z.B. EuGH Rs 27/76 – United Brands – Slg. 1978, 207.

Als **besondere Verpflichtungen** für derartige marktbeherrschende Anbieter sieht das Telekommunikationsgesetz vor:

- Verpflichtung, ein **Kostenrechnungssystem im Einklang mit den ONP-Richtlinien** zu betreiben, dass die Zuordnung von Kosten und Kostenelementen auf alle Dienste und Diensteelemente vorsieht und eine nachträgliche Überprüfung erlaubt (§ 45 TKG)
- **Strukturelle Trennung und getrennte Rechnungsführung** (§ 43 TKG)
  Danach dürfen Erbringer öffentlicher Telekommunikationsdienste, die auf einem anderen Markt als dem Telekommunikationsmarkt eine marktbeherrschende Stellung innehaben oder über ausschließliche oder besondere Rechte verfügen[184], die Entgelte für die Telekommunikationsdienstleistungen nicht aus diesen Bereichen quersubventionieren und haben über eine getrennte Rechnungsführung zu verfügen. Erbringer öffentlicher Telekommunikationsdienste, die auf dem Telekommunikationsmarkt über eine marktbeherrschende Stellung verfügen, dürfen nicht konzessionspflichtige Telekommunikationsdienste untereinander und auch zwischen konzessionspflichtigen und anderen Diensten quersubventionieren. Durch diese Regelung soll eine wettbewerbsverzerrende Quersubventionierung hintangehalten werden.
- **Genehmigungspflicht der Geschäftsbedingungen** für Sprachtelefondienst über ein festes Netz und ein Mobilnetz und für das Anbieten von Mietleitungen (§18 Abs4 TKG)
- **Genehmigungspflicht der Entgelte** (§18 Abs 6 TKG)
- Verpflichtung ein **Mindestangebot an Mietleitungen** bereitzustellen (§ 36 TKG)
- Verpflichtung, **Standardzusammenschaltungsangebote** zu veröffentlichen (§ 42 TKG)
- **Kostenorientierte Zusammenschaltungsentgelte** auf der Basis der so genannten „Forward-looking long-run average incremental costs" (=zukunftsorientierte langfristige durchschnittliche inkrementelle Kosten)[185]
- **Verbot der Diskriminierung** (§ 34 TKG)
  Ein marktbeherrschender Anbieter hat Wettbewerbern unter Einhaltung des Grundsatzes der Nichtdiskriminierung unter vergleichbaren Umständen zu gleichwertigen Bedingungen in derselben Qualität Leistungen zu bereitzustellen, die er am Markt anbietet oder die er für seine eigenen Dienste bereitstellt. Der Zugang darf nur insoweit beschränkt werden, als dies den grundlegenden Anforderungen im Sinne der ONP-Rahmenrichtlinie entspricht[186].
  Nutzt der marktbeherrschende Anbieter seine marktbeherrschende Stellung missbräuchlich aus, kann ihm die Regulierungsbehörde[187] ein Verhalten auferlegen oder untersagen und Verträge ganz oder teilweise für unwirksam erklären.

---

[184] z.B. Energieversorgungsunternehmen

[185] Durch den Ansatz der „Forward Looking Long Run Average Incremental Costs" versucht man die Kosten eines effizienten Netzbetreibers zu berechnen, die für die Bereitstellung eines bestimmten Dienstes notwendig sind. Dabei ist in einem Wettbewerbsmarkt der Wert einer Investition nicht von den ursprünglichen Anschaffungskosten abhängig, sondern von den zukünftigen Erträgen, die mit dieser Investition erzielt werden können. Ein Anbieter wird sich somit nicht an den historischen Kosten orientieren, sondern vielmehr jene Kosten in die Marktpreise einkalkulieren, die für eine künftige Substanzerhaltung des Unternehmens erforderlich sind. Die Wiederbeschaffungswerte der zur Leistungserbringung notwendigen Ausstattung ist die Basis für die Berechnung der FL-LRAIC. Mit diesem Ansatz versucht man eine Wettbewerbssituation zu simulieren und somit Preise, die sich erst später in diesem Markt etablieren würden, vorwegzunehmen. Näheres dazu *Belfin/Lukanowicz*, Positionspapier der Telekom-Control GmbH zum Ansatz der Forward Looking Long Run Incremental Costs zur Berechnung von kostenorientierten Zusammenschaltungsentgelten, 1999, 9; abrufbar unter: http://www.tkc.at .

[186] Siehe dazu oben Punkt II.C.

[187] Da § 34 TKG nicht im Zuständigkeitskatalog des § 111 TKG enthalten ist, ist die Telekom-Control GmbH die zuständige Behörde.

B. NETZZUGANG UND ZUSAMMENSCHALTUNG[188]

Die Regeln über den offenen Netzzugang und die Zusammenschaltung sind für das Entstehen von Wettbewerb besonders wichtig. Derzeit verfügt in Österreich nur das ehemalige Monopolunternehmen – die Telekom Austria – über ein vollständig ausgebautes flächendeckendes Netz. Die Netze der alternativen Telekommunikationsbetreiber sind erst im Entstehen, im Bereich des Teilnehmeranschlusses (= Verbindung zwischen dem Teilnehmer und der Ortvermittlungsstelle, die sog. letzte Meile) herrscht kaum Wettbewerb. Die alternativen Telekommunikationsbetreiber sind somit vom Netzzugang und der Zusammenschaltung mit dem marktbeherrschenden Telekommunikationsbetreiber abhängig, um Zutritt zu den Telekommunikationsmärkten zu erlangen.

Dabei unterscheidet man zwischen dem **allgemeinen** und **besonderen Netzzugang**. Netzzugang ist grundsätzlich über Anschlüsse, die allgemein am Markt nachgefragt werden, zu gewähren. Erfolgt der Zugang über für sämtliche Nutzer[189] in gleicher Weise bereitgestellte Anschlüsse[190] spricht man vom allgemeinen Netzzugang. D.h., das Zugangsrecht des Endkunden (=Zugang an Endkundenschnittstellen) wird als allgemeiner Netzzugang bezeichnet. Ein besonderer Netzzugang liegt dann vor, wenn Nutzer nur auf einzelne Funktionen eines Telekommunikationsnetzes zugreifen möchten und dafür besondere Anschlüsse errichten wollen. Ein besonderer Netzzugang ist grundsätzlich dann erforderlich, wenn verschiedene Netzbetreiber ihre Netze zusammenschalten müssen.

Die **Zusammenschaltung**, als eine **Sonderform des Netzzugangs**, ist für die Wettbewerber von großer Bedeutung. Verstanden als die physische und logische Verbindung von Netzen ist sie Voraussetzung, damit die Interoperabilität der Netze und somit die Kommunikation zwischen Teilnehmern an technisch unterschiedlichen und organisatorisch getrennten Netzen ermöglicht wird.

Aufbauend auf den europarechtlichen Vorgaben – in diesem Zusammenhang ist vor allem die Zusammenschaltungsrichtlinie 97/33/EG wesentlich – finden sich die Bestimmungen über den Netzzugang und die Zusammenschaltung in den §§ 37-41 TKG und der Zusammenschaltungsverordnung[191].

In § 3 Z 16 TKG wird die Zusammenschaltung als jener **Netzzugang, der die physische und logische Verbindung von Telekommunikationsnetzen herstellt, um Nutzern, die an verschiedenen Telekommunikationsnetzen angeschaltet sind, die mittelbare oder unmittelbare Kommunikation zu ermöglichen**, definiert.

Damit nun neue Diensteanbieter Zugang zu den Netzen anderer Anbieter erhalten, wird im TKG eine **Verpflichtung zur Zusammenschaltung** normiert. Diese Verpflichtung basiert im Grundsatz auf der so genannten „**essential facilities Doktrin**" (=Lehre von den wesentlichen Einrichtungen), die aus dem amerikanischen Kartellrecht stammt. Der Begriff „essential facility"[192] ist in vielen Fällen für die Feststellung der Pflichten beherrschender Telekom-

---

[188] Im Detail *Parschalk/Zuser*, Netzzugang und Zusammenschaltung, Medien und Recht 1998, 363 ff.; *Parschalk/Zuser*, Netzzugang und Zusammenschaltung II, Medien und Recht 1999, 44 ff.
[189] D.h. für Marktteilnehmer genauso wie für Endkunden.
[190] D.h. über die Netzabschlusspunkte. Das sind die Schnittstellen beim Endkunden zum Telekommunikationsnetz, über die unterschiedlichste Endgeräte angeschlossen werden können (analoges/digitales Telefon, Fax, Modem, etc.)
[191] Verordnung des Bundesministers für Wissenschaft und Verkehr zur näheren Bestimmung der Zusammenschaltung (Zusammenschaltungsverordnung), BGBL II 1998/14.
[192] In diesem Zusammenhang ist auf das Urteil des EuGH v. 26.11.98 zu verweisen (EuGH, Rs C-7/97, Bronner-Mediaprint, Slg. 1998/I-7791), in dem er zu beurteilen hatte, ob die Dienstleistung der Hauszustellung von Zeitungen eine wesentliche Einrichtung darstellt.

munikationsbetreiber von Bedeutung. Als wesentliche Einrichtung wird eine Einrichtung oder Infrastruktur bezeichnet, die wesentlich ist, um Kunden zu erreichen und/oder Wettbewerbern die Durchführung ihrer Geschäftstätigkeit zu ermöglichen und die mit angemessenen Mitteln nicht neu geschaffen werden kann[193]. Der marktbeherrschende Unternehmer soll nicht, indem er den Zugang zu seinem Telekommunikationsnetz verhindert, die neuen Telekommunikationsanbieter vom Wettbewerb ausschließen.

Die Pflicht zur Zusammenschaltung richtet sich gemäß § 41 TKG nicht nur an die marktbeherrschenden Anbieter, sondern an jeden Netzbetreiber. Dies erklärt sich aus dem übergeordneten Ziel des Telekommunikationsgesetzes, die Kommunikation der Nutzer verschiedener Netze untereinander zu ermöglichen und zu verbessern.

Zusammenschaltungsverpflichtung bedeutet daher, dass jeder Betreiber eines öffentlichen Telekommunikationsnetzes anderen Betreibern solcher Netze auf Nachfrage ein **Angebot auf Zusammenschaltung** abzugeben hat. Inhaltlich ist die Zusammenschaltungsverpflichtung nicht ausgestaltet, da Zusammenschaltungen grundsätzlich auf privatrechtlichen Vereinbarungen beruhen sollten.

Die Zusammenschaltungsverpflichtung betrifft zwar nicht nur den **marktbeherrschenden Anbieter**, doch treffen diesen wiederum **besondere Pflichten**.
So müssen Zusammenschaltungsvereinbarungen mit einem marktbeherrschenden Unternehmen einen **gleichwertigen und nichtdiskriminierenden Zugang zum Netz des Marktbeherrschers** gewähren. In diesem Sinne haben marktbeherrschende Unternehmen gemäß § 42 TKG ein **Standardzusammenschaltungsangebot** zu erstellen. Hierbei handelt es sich um ein allgemeines Angebot, das gegenüber allen anderen Netzbetreibern gleichermaßen gilt. Dieses Standardzusammenschaltungsangebot ist vom marktbeherrschenden Unternehmen selbst im Rahmen seiner Geschäftsbedingungen als auch von der Regulierungsbehörde, nachdem es dieser angezeigt worden ist, zu veröffentlichen.

Gemäß § 41 Abs 3 TKG findet der **Grundsatz der Kostenorientiertheit** im Sinne der ONP-Richtlinie[194] bei der Festlegung der Höhe der Zusammenschaltungsentgelte[195] von marktbeherrschenden Unternehmen Anwendung. Der Grundsatz der Kostenorientiertheit gilt gemäß § 8 Zusammenschaltungsverordnung für sämtliche Entgelte. Zu den **Zusammenschaltungsentgelten** zählen die Entgelte
- für die erstmalige Herstellung der physischen Zusammenschaltung
- für die laufende Benutzung von Geräten und Betriebsmitteln
- für Hilfs- und Zusatzdienstleistungen
- für die verkehrsabhängigen Entgelte für die Übermittlung von Verkehr zwischen den zusammengeschalteten Netzen

Die Zusammenschaltungsentgelte sind nach der Zusammenschaltungsverordnung auf der Basis der „**zukunftsorientierten langfristigen durchschnittlichen zusätzlichen Kosten (FL-LRAIC-Kostenrechnungssystem)**"[196] zu berechnen. So dürfen gemäß § 8 Abs 3 ZVO die Entgelte einen angemessenen Anteil an gemeinsamen Kosten, Gemeinkosten und Kosten,

---
[193] Vgl. Mitteilung der Europäischen Kommission über die Anwendung der Wettbewerbsregeln auf Zugangsvereinbarungen im Telekommunikationsbereich – Rahmen, relevante Märkte und Grundsätze, Abl. C 265 v. 22.8.1998, 2ff. (Rz 68)
[194] Siehe dazu FN 51
[195] Dazu genauer *Lehofer,* Die Festlegung von Zusammenschaltungsentgelten durch die Telekom-Control-Kommission, Medien und Recht 98, 99 ff.
[196] Siehe dazu FN 185.

die durch die Gewährung gleichartigen Zugangs, der Übertragbarkeit von Nummern und der Erfüllung der grundlegenden ONP-Anforderungen entstehen, enthalten.

Obwohl der Grundsatz der Kostenorientierung nur für die Festlegung der Entgelte der marktbeherrschenden Anbieter gilt, hat die Telekom-Control-Kommission in ihren Entscheidungen[197] das **Prinzip der Reziprozität** entwickelt. Das bedeutet, dass die Anrufzustellung im alternativen Festnetz für die TA genauso viel kostet wie die Anrufzustellung im TA-Netz für die alternativen Betreiber. Begründet wurde dies damit, dass die auf der Basis von FL-LRAIC errechneten Kosten als Wettbewerbspreis zu verstehen sind und daher auch gegenüber den alternativen Betreibern festgelegt werden können.

§ 38 TKG legt den **Umfang der Zusammenschaltung** fest. Danach hat die Zusammenschaltung zumindest folgende Leistungen zu umfassen:
- Zugang der Nutzer des Marktbeherrschers zum Netz eines anderen Betreibers durch vorprogrammierte Netzauswahl oder Wählen von Auswahlcodes
- Zurverfügungstellung der notwendigen Vermittlungsdaten
- Zustellung von Gesprächen an Nutzer des jeweils anderen Betreibers (=Gesprächsterminierung)
- Zurverfügungstellung der für die Verrechnung benötigten Daten

§ 38 TKG nennt bloß den **Mindestumfang** der Zusammenschaltung. Die Regulierungsbehörde ist in ihren bisherigen Entscheidungen[198] eher von einem weiten Begriffsverständnis ausgegangen. So stellte sie unter anderem fest, dass die Zusammenschaltungsanordnungen nicht nur für den Bereich des normalen Sprachverkehrs, sondern auch für den Bereich der ISDN-Dienste gelten. Ebenso umfasst der Begriff Zusammenschaltung den Zugang zu nicht geografischen Nummern, d.h. etwa zu Notrufdiensten oder tariffreien Diensten (0800), sowie zu Mehrwertdiensten (0900, 0930) und weiteren Sonderdiensten (etwa im Bereich 0810, 0820, 0710, 0730)

Wie bereits erwähnt, basiert die Zusammenschaltung grundsätzlich auf einer Einigung zwischen den Telekommunikationsbetreibern. Nur wenn eine Vereinbarung über die Zusammenschaltung innerhalb einer Frist von sechs Wochen ab dem Einlangen der Nachfrage nicht zustande kommt, wird die Regulierungsbehörde als Schiedsrichter tätig und entscheidet über die Zusammenschaltung. Gemäß § 41 Abs 2 TKG kann jeder an der Zusammenschaltung Beteiligte die Regulierungsbehörde anrufen. Diese hat gemäß Abs 3 innerhalb von sechs bis zehn Wochen über die Anordnung der Zusammenschaltung zu entscheiden.

Die Anordnung ergeht in Bescheidform und ersetzt die zu treffende Vereinbarung. Diese Konstruktion birgt – aufgrund der an sich widersprüchlichen Kombination von Bescheid als öffentlich-rechtlichem Akt, der einen privatrechtlichen Vertrag ersetzen soll – noch einige ungelöste Probleme, vor allem hinsichtlich der Durchsetzung dieser Anordnung, in sich.

C. ENTBÜNDELUNG[199]

Das Telekommunikationsnetz besteht aus einer Vielzahl von Infrastruktureinrichtungen, wie etwa Hauptvermittlungsstellen, Netzvermittlungsstellen, Ortsvermittlungsstellen und aus

---

[197] Vgl. Entscheidungen der Telekom-Control-Kommission v. 9.3.1998 (Z 1/97 – Zusammenschaltungsentgelte)
[198] Siehe dazu die Entscheidungen der TKK v. 29.10.98 (Z1, 2, 3, 4, 5/98 – Zugang zu tariffreien Diensten)
[199] *Taucher/Vartian*, Die Entscheidung der Telecom-Control-Kommission über den Zugang zur Teilnehmeranschlussleitung, Medien und Recht 1999, 189 ff.

Teilnehmeranschlussleitungen, die in der Regel aus Kupferdoppeladern bestehen und wiederum in Kabel-, End-, Hausverzweiger und Netzabschlusspunkte zu unterteilen sind[200]. Grundsätzlich ist an all diesen Stellen der Netzzugang möglich.

Dieser besondere Netzzugang zu Teilen bzw. Teilleistungen eines Netzes – und nicht nur zur Gesamtheit aller technischen Einrichtungen, die zur Übertragung von Telekommunikationsdiensten dienen – wird auch vom Telekommunikationsgesetz vorgesehen. § 37 Abs 1 TKG normiert die Verpflichtung der marktbeherrschenden Unternehmer **entbündelten Netzzugang** zu gewähren[201].

Gemäß § 3 Abs 1 ZVO, muss derjenige, der den Netzzugang begehrt, keine Leistungen annehmen, die er nicht nachfragt. Konkret heißt das, dass Netzzugang an der möglichst untersten Ebene der Netze gewährt werden muss. Jedoch wird nicht auf jedes einzelne Infrastrukturelement Zugriff gewährt. Der Entbündelung werden sowohl aus technischen als auch aus wirtschaftlichen Gründen Grenzen gesetzt. Die ZVO gibt das Mindestmaß vor. Danach gelten die (ungeteilte) Teilnehmeranschlussleitung mit oder ohne weitere technische Einrichtungen sowie die technisch relevanten Schnittstellen auf allen Netzhierarchieebenen (OVSt, NVSt) als entbündelte Netzelemente. D.h. Zugang zu **Teilen der Teilnehmeranschlussleitung** wird derzeit noch nicht gewährt[202].

Eine **Ausnahme** von der Verpflichtung zur Entbündelung ist gemäß § 38 TKG nur dann vorgesehen, wenn der Betreiber Tatsachen nachweist, auf Grund derer diese Verpflichtung im Einzelfall nicht gerechtfertigt ist. Die Beweislast trägt dabei der marktbeherrschende Unternehmer. Die Regulierungsbehörde hat innerhalb von sechs Wochen über das Bestehen der sachlichen Rechtfertigung und über die Frage der Zumutbarkeit und der Abgeltung eines durch die Entbündelung bedingten Mehraufwands zu entscheiden.

Die **Kollokation**[203] – darunter versteht man die Unterbringung der für die Nutzung der Teilnehmeranschlussleitung erforderlichen Einrichtungen – ist ebenfalls Gegenstand kommerzieller und technischer Vereinbarungen. Grundsätzlich sollen aber nur Einrichtungen, die für den Zugang zur Teilnehmeranschlussleitung und ihre Nutzung erforderlich sind, untergebracht werden dürfen[204].

---

[200] Dazu siehe auch die schematische Struktur des Telefonnetzes der TA, oben Punkt I.B.
[201] Das Gemeinschaftsrecht enthält keine derartige Verpflichtung, diese beruhen nur auf innerstaatlichen Bestimmungen.
[202] Siehe dazu die Entscheidungen der Telekom-Control-Kommission über den Zugang zur Teilnehmeranschlussleitung v. 2.7.99 (Z 1/99, Z 3/99, Z 4/99)
[203] § 5 ZVO.
[204] Siehe FN 202.

X. KUNDENSCHUTZ

A. ALLGEMEINES

Das TKG regelt in einem eigenen Abschnitt (§§ 62-66 TKG) zusammenfassend die Rechte der Endbenutzer von Telekommunikationsdienstleistungen. Dabei zählen zu den Endbenutzern nicht nur die Kunden, sondern auch Unternehmen, die selbst Leistungen anderer Anbieter in Anspruch nehmen, und insofern selbst Kunden sind.

So schreibt § 62 TKG für Anbieter öffentlicher Telekommunikationsdienste einen **Kontrahierungszwang** vor. Jedermann ist daher berechtigt, öffentliche Telekommunikationsdienste einschließlich des Universaldienstes und besonderer Versorgungsaufgaben unter den Bedingungen der veröffentlichten allgemeinen Geschäftsbedingungen und Entgelte in Anspruch nehmen[205].

Eine **Diensteunterbrechung** oder **–abschaltung** darf der Betreiber eines öffentlichen Telekommunikationsdienstes grundsätzlich nur in zwei Fällen vornehmen.
- Zum einen, wenn der Teilnehmer im Zahlungsverzug ist und bereits unter Androhung der Abschaltung und unter Setzung einer zweiwöchigen Nachfrist erfolglos gemahnt worden ist. (§ 63 TKG).
- Zum anderen ist nach § 65 TKG eine Abschaltung dann vorgesehen, wenn der Teilnehmer ein nicht zugelassenes Endgerät angeschlossen hat und damit eine Beeinträchtigung anderer Nutzer des Netzes oder eine Gefährdung von Personen gegeben ist und der Teilnehmer der Aufforderung, diese Endeinrichtungen zu beseitigen, nicht nachkommt.

Des Weiteren sind Erbringer von öffentlichen Telekommunikationsdienstleistungen verpflichtet, wenn ein Teilnehmer die Richtigkeit eines vorgeschriebenen Rechnungsbetrags bezweifelt und diesbezüglich einen schriftlichen Antrag stellt, alle Faktoren, die zur Ermittlung dieses Betrages geführt haben, zu überprüfen. (§ 64 TKG)

Darüber hinaus eröffnet § 66 TKG jeder Partei (d.h. Nutzern, Diensteanbietern, Verbraucherorganisation und anderen Organisationen), bei Streitigkeiten mit einem Betreiber die Möglichkeit, die Regulierungsbehörde[206] zwecks Streitschlichtung anzurufen. Diese hat innerhalb von sechs Wochen eine einvernehmliche Lösung herbeizuführen. Netzbetreiber und Diensteanbieter sind verpflichtet, an einem solchen Verfahren teilzunehmen und die erforderlichen Auskünfte zu erteilen. Neben dem Streitschlichtungsweg besteht allerdings auch die Möglichkeit, den ordentlichen Rechtsweg zu bestreiten.

B. DATENSCHUTZ UND FERNMELDEGEHEIMNIS[207]

1. Allgemeines

Ebenso wie dem Kundenschutz widmet sich das Telekommunikationsgesetz in einem eigenen Abschnitt (§§ 87-101 TKG) den Bereichen Fernmeldegeheimnis und Datenschutz. Da

---
[205] Siehe dazu auch oben Punkt V.D.
[206] In diesem Fall die Telekom-Control GmbH
[207] Siehe auch *Mayer-Schönberger/Brandl,* Telekommunikationsgesetz und Datenschutz, ecolex 1998, 272 ff.

es sich hierbei um bereichsspezifische Bestimmungen des Datenschutzes handelt, wird in § 86 Abs 1 auf die subsidiäre Geltung des Datenschutzgesetzes und im Abs 2 auf die subsidiäre Geltung der StPO verwiesen. Bei der Regelung dieser Bereiche hat man im Wesentlichen auf die Bestimmungen der europäischen Telekom-Datenschutzrichtlinie[208], die im Wesentlichen umgesetzt wurde, Bezug genommen.

2. Datenschutz

Die datenschutzrechtlichen Bestimmungen des TKG knüpfen an die Begriffe **Stammdaten, Vermittlungsdaten und Inhaltsdaten**, die bereits aus dem Fernmeldegesetz 1993 bekannt sind, an. Diese dürfen gemäß der allgemeinen Bestimmung des § 91 Abs 1 TKG nur für Zwecke der Besorgung eines Telekommunikationsdienstes ermittelt oder verarbeitet werden. Dabei darf die Übermittlung der genannten Daten nur erfolgen, wenn dies für die Erbringung eines Telekommunikationsdienstes erforderlich ist, ansonsten bedarf es der Zustimmung des Betroffenen.

a) Stammdaten

Bei den Stammdaten handelt es sich gemäß § 87 Abs 3 Z 4 TKG um alle **personenbezogenen Daten, die für die Begründung, die Abwicklung, Änderung oder Beendigung von Rechtsbeziehungen zwischen dem Benutzer und dem Anbieter** von Telekommunikationsdiensten oder zur Erstellung eines Teilnehmerverzeichnisses erforderlich sind. Konkret sind dies Familien- und Vorname, akademischer Grad, Adresse, Teilnehmernummer, Bonität.

Diese dürfen gemäß § 92 Abs 1 TKG von Betreibern nur für den Abschluss bzw. die Beendigung von Verträgen, für die Entgeltverrechnung und die Erstellung von Teilnehmerverzeichnissen, ermittelt und verarbeitet werden. Spätestens nach der Beendigung der Rechtsbeziehungen zwischen Teilnehmer und Betreiber müssen sie gelöscht werden.

b) Vermittlungsdaten

Vermittlungsdaten sind gemäß § 87 Abs 3 Z 5 TKG jene **personenbezogenen Daten, die für den Aufbau einer Verbindung oder für die Verrechnung von Entgelten erforderlich** sind. Dabei handelt es sich etwa um die aktive und passive Teilnehmernummer, die Anschrift des Teilnehmers, die Art des Endgerätes und dergleichen.
Diese dürfen grundsätzlich nicht gespeichert werden und sind nach der Beendigung der Verbindung unverzüglich zu löschen. Nur für Verrechnungszwecke dürfen die Daten solange gespeichert werden, bis die Rechnung nicht mehr beanstandet bzw. der Zahlungsanspruch nicht mehr geltend gemacht werden kann.

---

[208] RL 97/66/EG des Europäischen Parlaments und des Rates vom 15.12.1997 über die Verarbeitung personenbezogener Daten und den Schutz der Privatsphäre im Bereich der Telekommunikation, Abl L 24 v. 30.1.1998, 1.

c) Inhaltsdaten

Mit Inhaltsdaten sind die **Inhalte der übertragenen Nachricht** gemeint (§ 87 Abs 3 Z 6 TKG). Diese genießen gemäß § 95 TKG besonderen Schutz. Sie dürfen grundsätzlich nicht gespeichert werden. Dies hat der Betreiber durch technische und organisatorische Vorkehrungen sicherzustellen. Ausnahmsweise, nämlich wenn die Speicherung einen wesentlichen Bestandteil des Telekommunikationsdienstes darstellt, ist eine Speicherung zulässig. Dies ist etwa bei der Mobilbox eines Handys oder beim E-Mail der Fall.

3. Fernmeldegeheimnis

Im Abschnitt Datenschutz werden auch Themen, wie Fangschaltung, Entgeltnachweis und Teilnehmerverzeichnis geregelt.

a) Fangschaltung

§ 100 TKG ermöglicht es dem Angerufenen bei störenden Anrufen **die Identität des anrufenden Anschlusses**, das heißt die Telefonnummer des Anrufers, festzustellen. Dabei wird, sofern der Teilnehmer dies wünscht, vom Telekommunikationsbetreiber eine Fangschaltung eingerichtet. Das Ergebnis der Fangschaltung ist dem Angerufenen, sofern er die Belästigungen glaubhaft macht, mitzuteilen. Die Glaubhaftmachung reicht aus, ein Nachweis der tatsächlichen Belästigung ist nicht erforderlich. Diese Bestimmung ist hinsichtlich des Fernmeldegeheimnisses[209], das nach der Legaldefinition des § 88 TKG nicht nur die Inhaltsdaten, sondern auch die näheren Umstände der Kommunikation (Vermittlungsdaten) erfasst, problematisch[210].

b) Teilnehmerverzeichnis

Nach § 96 TKG ist jeder Betreiber verpflichtet ein derartiges Verzeichnis anzulegen. Diese Verzeichnisdaten müssen anderen Betreibern zur Erstellung übergreifender Verzeichnisse übermittelt werden. Damit soll das Entstehen eines Marktes für Teilnehmerverzeichnisse ermöglicht werden. Dem Teilnehmer steht allerdings das Recht zu, im Verzeichnis nicht angeführt zu werden. Dafür darf nicht ein zusätzliches Entgelt verlangt werden.

c) Entgeltnachweis

Um den Kunden von Telekom-Anbietern die notwendige Transparenz einzuräumen, sieht Art 14 der ONP-Sprachtelefonrichtlinie[211] grundsätzlich vor, dass die Betreiber „eine Grundform der Einzelgebührenerfassung ohne zusätzliche Gebühren" zur Verfügung stellen müssen. § 94 TKG verpflichtet die Betreiber jedoch lediglich, ihre Rechnungen in Form eines Entgeltnachweises, der eine Zusammensetzung der einzelnen Entgeltarten (d.h. Grundentgelt, Gesprächsentgelte und sonstige Entgelte) zu legen. Detailliertere Abrechnungen sind nur auf Wunsch zu bekommen und der Betreiber darf dafür ein kostenorientiertes Entgelt verlangen. Ob dadurch die europarechtlichen Vorgaben erfüllt werden, ist strittig.

---

[209] Art 10 a StGG, Art 8 Abs 1 MRK.
[210] Dazu näher in *Wessely,* Das Fernmeldegeheimnis – ein unbekanntes Grundrecht ?, ÖJZ 1999, 491ff.; *Schmölzer/Mayer-Schönberger,* Das Telekommunikationsgesetz 1997-Ausgewählte rechtliche Probleme, ÖJZ 1998, 378.
[211] Siehe FN 51.

ABKÜRZUNGSVERZEICHNIS

Abs	= Absatz
ANB	= Alternativer Netzbetreiber
Art	= Artikel
AVG	= Allgemeines Verwaltungsverfahrengesetz
BGBl	= Bundesgesetzblatt
BlgNr	= Beilagen zu den stenographischen Protokollen des Nationalrats
BMWV	= Bundesminister für Wissenschaft und Verkehr
B-VG	= Bundes-Verfassungsgesetz
BVG	= Bundesverfassungsgesetz
bzw	= beziehungsweise
DCS	= Digital Cellular System
dh	= das heißt
e-commerce	= electronic-commerce
EG	= Europäische Gemeinschaft
EGMR	= Europäische Gerichtshof für Menschenrechte
EGV	= Vertrag zur Gründung der europäischen Gemeinschaft
EMRK	= Europäische Konvention zum Schutze der Menschenrechte und Grundfreiheiten samt Zusatzprotokollen
etc	= et cetera
EU	= Europäische Union
EuGH	= Europäische Gerichtshof
EWG	= Europäische Wirtschaftsgemeinschaft
f	= folgende
ff	= fortfolgende
FG	= Fernmeldegesetz
FL-LRAIC	= Forward Looking Long Run Average Incremental Costs
FN	= Fußnote
FS	= Festschrift
GG	= Grundgesetz
GmbH	= Gesellschaft mit beschränkter Haftung
GP	= Gesetzgebungsperiode
GSM	= Global System for Mobile Communications
Hrsg	= Herausgeber
HVSt	= Hauptvermittlungsstelle
idF	= in der Fassung
ieS	= im engeren Sinne
IMT	= International Mobile Telecommunication
iVm	= in Verbindung mit
KOM	= Kommission
Mbit/s	= Megabit pro Sekunde
Mhz	= Megahertz
Rdnr	= Randnummer
RFG	= Rundfunkgesetz
RGBl	= Reichsgesetzblatt
RL	= Richtlinie
RRG	= Regionalradiogesetz
Rs	= Rechssache
Rspr	= Rechtssprechung
Rz	= Randziffer

NVO	= Nummerierungsverordnung
NVSt	= Nebenvermittlungsstelle
ONP	= Open Network Provision
OVSt	= Ortvermittlungsstelle
PoI	= Point of Interconnection
PTA	= Post und Telekom Austria Aktiengeslichaft
PTV	= Post- und Telegraphenverwaltung
Slg	= Sammlung
StPO	= Strafprozessordnung
TA	= Telekom Austria
TKC	= Telekom Control GmbH
TKG	= Telekommunikationsgesetz
TKK	= Telekom-Control-Kommission
TWG	= Telekommunikationswegegesetz
ua	= unter anderem
udgl	= und dergleichen
UDV	= Universaldienstverordnung
UMTS	= Universal Mobile Telefone System
USA	= United States of America
VfGH	= Verfassungsgerichtshof
vgl	= vergleiche
VSt	= Vermittlungsstelle
www	= world wide web
Z	= Ziffer
zB	= zum Beispiel
ZVO	=Zusammenschaltungsverordnung

ANHANG

Telekommunikationsgesetz

Stammfassung: BGBl. I Nr. 100/1997

(NR: GP XX RV 759 AB 824 S. 81. BR: AB 5499 S. 629.)

(CELEX-Nr.: 391L0263, 390L0387, 392L0044, 395L0062, 390L0388, 394L0046, 395L0051, 396L0002, 396L0019, 393L0097, 393L0068, 397L0013, 397L0033)

1. TKG-Novelle: BGBl. I Nr. 98/1998 (Einfügung des § 125 Abs. 3a)

(NR: GP XX IA 761/A AB 1188 S. 128. BR: AB 5713 S. 642.)

2. TKG-Novelle BGBl. I Nr. 27/1999 (Änderungen in §§ 3, 7, 8, 10, 104 Abs. 3 und 111)

(NR: GP XX RV 1468 AB 1496 S. 149. BR: AB 5828 S. 647.)

3. TKG-Novelle BGBl. I Nr. 159/99 (Streichung des hier nicht wiedergegebenen Artikel VI)

(NR: GP XX IA 1163/A AB 2039 S. 179. BR: AB: 6037 S. 657.)

4. TKG-Novelle BGBl. I Nr. 188/99 (Änderungen in § 101 und § 104 Abs. 3 Z 23)

(NR: GP XX AB 2064 S. 181. BR: AB 6068 S. 657.)

Bundesgesetz betreffend die Telekommunikation (Telekommunikationsgesetz - TKG)

1. Abschnitt

Allgemeines

Zweck

§ 1. (1) Zweck dieses Bundesgesetzes ist es, durch Förderung des Wettbewerbes im Bereich der Telekommunikation die Versorgung der Bevölkerung und der Wirtschaft mit zuverlässigen, preiswerten, hochwertigen und innovativen Telekommunikationsdienstleistungen zu gewährleisten.

(2) Durch Maßnahmen der Regulierung sollen folgende Ziele erreicht werden:

1. Schaffung einer modernen Telekommunikationsinfrastruktur zur Förderung der Standortqualität auf hohem Niveau,

2. Sicherstellung eines chancengleichen und funktionsfähigen Wettbewerbs auf den Märkten der Telekommunikation,

3. Sicherstellung eines flächendeckenden Universaldienstes,

4. Schutz der Nutzer vor Missbrauch einer marktbeherrschenden Stellung,

5. Sicherstellung einer effizienten und störungsfreien Nutzung von Frequenzen.

Ausnahmen vom Anwendungsbereich

§ 2. (1) Dieses Bundesgesetz gilt nicht für Telekommunikationseinrichtungen (wie insbesondere Funkanlagen und Endgeräte), die ausschließlich für Zwecke der Landesverteidigung errichtet und betrieben werden. Die Frequenznutzung ist jedoch mit dem Bundesministerium für Wissenschaft und Verkehr einvernehmlich festzusetzen.

(2) Dieses Bundesgesetz gilt nicht für Telekommunikationseinrichtungen (wie insbesondere Funkanlagen und Endgeräte), die ausschließlich für Zwecke der Fernmeldebehörden errichtet und betrieben werden.

Begriffsbestimmungen

§ 3. Im Sinne dieses Bundesgesetzes bedeutet

1. „Betreiben" das Ausüben der rechtlichen und tatsächlichen Kontrolle über die Gesamtheit der Funktionen, die zur Erbringung des jeweiligen Telekommunikationsdienstes notwendig sind;

2. „Endgerät" eine Einrichtung, die unmittelbar an die Netzabschlusspunkte eines öffentlichen Telekommunikationsnetzes angeschlossen werden soll oder die mit einem öffentlichen Telekommunikationsnetz zusammenarbeiten und dabei unmittelbar oder mittelbar an die Netzabschlusspunkte eines öffentlichen Telekommunikationsnetzes angeschlossen werden soll;

3. „Funkanlage" elektrische Sende- oder Empfangseinrichtungen, zwischen denen eine beabsichtigte Informationsübertragung ohne Verbindungsleitungen mittels elektromagnetischer Wellen stattfinden kann;

4. „Mietleitungen" im Zusammenhang mit der Errichtung, der Entwicklung und dem Betrieb eines öffentlichen Telekommunikationsnetzes bereitgestellte Telekommunikationseinrichtungen, die transparente Übertragungskapazität zwischen Netzabschlusspunkten zur Verfügung stellen, jedoch ohne Vermittlungsfunktionen, die der Benutzer selbst als Bestandteil des Mietleitungsangebots steuern kann (on-demand switching);

5. „Mobilfunkdienst" eine Telekommunikationsdienstleistung, die für die mobile Nutzung bestimmt ist;

6. „Netzabschlusspunkt" alle physischen Verbindungen und technischen Zugangsspezifikationen, die Bestandteile des öffentlichen Telekommunikationsnetzes sind und die für den Zugang zu diesem Netz und zur effizienten Kommunikation mittels dieses Netzes erforderlich sind.

7. „Netzzugang" die physische und logische Verbindung eines Telekommunikationsnetzes mit einem anderen Telekommunikationsnetz oder Teilen desselben zum Zwecke des Zugriffs auf Funktionen dieses Telekommunikationsnetzes oder auf die darüber erbrachten Telekommunikationsdienstleistungen;

8. „Nutzer" Nachfrager nach Telekommunikationsdienstleistungen, einschließlich Endbenutzer (Konsumenten) und Diensteanbieter als Nachfrager nach Dienstleistungen bei anderen Diensteanbietern;

9. „öffentliches Telekommunikationsnetz" die Telekommunikationsinfrastruktur, mit der Signale zwischen definierten Netzabschlusspunkten über Draht, über Richtfunk, auf optischem oder anderem elektromagnetischem Weg übertragen werden und die unter anderem für die Erbringung öffentlicher Telekommunikationsdienste genutzt wird;

10. „Satellitenfunkanlagen" Sendeanlagen, Sende- und Empfangsanlagen oder reine Empfangsanlagen für Funksignale, die über Satelliten oder andere Raumsysteme laufen;

11. „Satellitenfunkdienst" eine Telekommunikationsdienstleistung, die unter Zuhilfenahme von Satellitenfunkanlagen erbracht wird;

12. „Sprachtelefondienst" die gewerbliche Bereitstellung für die Öffentlichkeit des direkten Transports und der Vermittlung von Sprache in Echtzeit von und zu den Netzabschlusspunkten von öffentlichen, vermittelten Netzen, wobei jeder Benutzer das an solch einem Netzabschlusspunkt angeschlossene Endgerät zur Kommunikation mit einem anderen Netzabschlusspunkt verwenden kann;

13. „Telekommunikation" den technischen Vorgang des Aussendens, Übermittelns und Empfangens von Nachrichten jeglicher Art in der Form von Zeichen, Sprache, Bildern oder Tönen mittels dazu dienender technischer Einrichtungen;

14. „Telekommunikationsdienst" eine gewerbliche Dienstleistung, die in der Übertragung und/oder Weiterleitung von Signalen auf Telekommunikationsnetzen besteht, einschließlich des Angebotes von Mietleitungen; nicht darunter fällt insbesondere der bloße Wiederverkauf (Handel mit) von Telekommunikationsdienstleistungen sowie die Übertragung von Rundfunk und Fernsehrundfunk durch Inhaber von Gemeinschaftsantennenanlagen (Kabelnetzbetreiber);

15. „Telekommunikationslinie" unter- oder oberirdisch geführte feste Übertragungswege (Telekommunikationskabelanlagen) einschließlich deren Zubehör wie Schalt-, Verstärker- oder Verzweigungseinrichtungen, Masten und Unterstützungen, Kabelschächte und Rohre;

16. „Zusammenschaltung" jenen Netzzugang, der die physische und logische Verbindung von Telekommunikationsnetzen herstellt, um Nutzern, die an verschiedenen Telekommunikationsnetzen angeschaltet sind, die mittelbare oder unmittelbare Kommunikation zu ermöglichen.

"17. "Starkstromleitungsmasten" Tragwerke samt Fundamenten, Erdungen, Isolatoren, Zubehör und Armaturen, die zum Auflegen von Leitungen oder Leitungssystemen mit einer Betriebsspannung von 110 kV oder mehr zur Fortleitung von elektrischer Energie dienen."

(Anmerkung: Z 17 wurde angefügt durch BGBl. I Nr. 27/1999 und trat am 13.01.1999 in Kraft.)

Ausnahmebewilligung

§ 4. (1) Der Bundesminister für Wissenschaft und Verkehr kann auf Antrag die Errichtung und den Betrieb von Funkanlagen und Endgeräten sowie die Erbringung eines Telekommunikationsdienstes zum Zweck der technischen oder kommerziellen Erprobung bewilligen, wenn dagegen aus technischer Sicht keine Bedenken bestehen, insbesondere wenn Störungen anderer Telekommunikationseinrichtungen nicht zu erwarten sind. Eine solche Bewilligung ist entsprechend zu befristen.

(2) Bei konzessionspflichtigen Telekommunikationsdiensten ersetzt die Ausnahmebewilligung die Konzession. Die Bestimmungen über Konzessionen sind sinngemäß anzuwenden. Nach Ablauf der Ausnahmebewilligung darf der Dienst nur auf Grund einer Konzession weiterbetrieben werden; andernfalls ist er einzustellen.

2. Abschnitt

Infrastruktur, Eigentumsrechte

Errichtung und Betrieb

§ 5. (1) Die Errichtung und der Betrieb von Infrastruktureinrichtungen und Netzen zu Zwecken der Telekommunikation ist bewilligungsfrei. Die Bestimmungen über die Konzessionspflicht für öffentliche Telekommunikationsdienste, über die Nutzung von Frequenzen und über die Zulassungspflicht von Funkanlagen und Endgeräten bleiben unberührt.

(2) Infrastruktureinrichtungen und Netze, die zur Zusammenschaltung mit öffentlichen Telekommunikationsnetzen oder zur Erbringung eines öffentlichen Telekommunikationsdienstes bestimmt sind, müssen in ihrem Aufbau und ihrer Funktionsweise den anerkannten Regeln der Technik betreffend die

1. Sicherheit des Netzbetriebes,

2. Aufrechterhaltung der Netzintegrität,

3. Interoperabilität von Diensten und

4. Anschaltebedingungen für Endgeräte

entsprechen.

(3) Der Bundesminister für Wissenschaft und Verkehr kann, dem jeweiligen Stand der Technik entsprechend, durch Verordnung die näheren Bestimmungen über die Sicherheit des Netzbetriebes, die Aufrechterhaltung der Netzintegrität, die Interoperabilität von Diensten und die Anschaltebedingungen für Endgeräte festlegen.

Nutzung von öffentlichem Gut

§ 6. (1) Inhaber einer Konzession zur Erbringung eines öffentlichen Telekommunikationsdienstes sind berechtigt, für das Errichten von Telekommunikationslinien und diesen zugehörigen Einrichtungen öffentliches Gut, wie Straßen, Fußwege, öffentliche Plätze und den darüberliegenden Luftraum, ausgenommen das öffentliche Wassergut, unentgeltlich und ohne gesonderte Bewilligung nach diesem Gesetz in Anspruch zu nehmen. Dies umfasst auch das Recht zur Anbringung und Erhaltung von Leitungsstützpunkten, Vermittlungseinrichtungen, sonstigen Leitungsobjekten und das Recht zum Betrieb dieser Einrichtungen. Unentgeltlichkeit im Sinne dieser Bestimmung betrifft nicht die im Zeitpunkt des Inkrafttretens dieses Bundesgesetzes bestehenden rechtlichen Grundlagen der Einhebung von Abgaben.

(2) Berechtigte gemäß Abs. 1 haben ihre Vorgangsweise bei der Ausübung dieser Rechte mit den Eigentümern oder Nutzungsberechtigten der betroffenen Grundstücke abzustimmen.

Mitbenutzungsrecht

§ 7. (1) Wer ein Wegerecht nach anderen Bundesgesetzen oder wer ein Nutzungsrecht nach § 6, § 8 Abs. 2 oder § 11 dieses Bundesgesetzes in Anspruch genommen hat, muss insoweit die Mitbenutzung der auf Grund dieser Rechte errichteten Telekommunikationslinien oder von Teilen davon gestatten, sofern die Inanspruchnahme von öffentlichem Gut durch diese nicht möglich oder untunlich ist, und die Mitbenutzung für den Inhaber der Telekommunikationslinie wirtschaftlich zumutbar und technisch vertretbar ist.

"(2) Eigentümer oder sonst Nutzungsberechtigte eines Antennentragemastes oder eines Starkstromleitungsmastes müssen dessen Mitbenutzung durch Inhaber einer Konzession zur Erbringung eines öffentlichen Telekommunikationsdienstes, durch Feuerwehren, Rettungsdienste sowie Sicherheitsbehörden gestatten, sofern dies technisch, insbesondere frequenztechnisch möglich ist. Aus diesem Grund erforderliche technische Änderungen hat der Eigentümer oder sonst Nutzungsberechtigte durchzuführen oder durchführen zu lassen, wenn es sich um geringfügige Änderungen handelt und der Mitbenutzungswerber die Kosten dafür übernimmt. Das Recht zur Mitbenutzung beinhaltet auch die Mitbenutzung der für den Betrieb notwendigen Infrastruktur. Der Eigentümer oder sonst Nutzungsberechtigte darf seine Verfügungsgewalt über die Anlage nicht zu Ungunsten des Mitbenutzers ausüben.

(3) Für die Mitbenutzung gemäß Abs. 1 und 2 ist ein angemessener geldwerter Ausgleich an den Verpflichteten zu leisten. Dabei sind jedenfalls die Kosten für die Errichtung, einschließlich der Kosten der Akquisition, sowie die laufenden Betriebskosten der mitbenutzten Anlage angemessen zu berücksichtigen.

(4) Jeder Eigentümer oder sonst Nutzungsberechtigte eines Antennentragemastes oder eines Starkstromleitungsmastes ist verpflichtet, Inhabern einer Konzession zur Erbringung eines öffentlichen Telekommunikationsdienstes, Feuerwehren, Rettungsdiensten sowie Sicherheitsbehörden auf Nachfrage ein Angebot zur Mitbenutzung abzugeben. Alle Beteiligten haben hiebei das Ziel anzustreben, Mitbenutzung zu ermöglichen und zu erleichtern.

(5) Kommt zwischen dem Verpflichteten und dem Mitbenutzungswerber eine Vereinbarung über die Mitbenutzung binnen einer Frist von sechs Wochen ab Einlangen der Nachfrage nicht zustande, kann jeder der Beteiligten die Regulierungsbehörde anrufen.

(6) Die Regulierungsbehörde hat nach Anhörung der Beteiligten innerhalb einer Frist von sechs Wochen, beginnend mit der Anrufung, über die Anordnung der Mitbenutzung zu entscheiden. Die Regulierungsbehörde kann das Verfahren um längstens vier Wochen verlängern. Die Anordnung ersetzt eine zu treffende Vereinbarung.

(7) Inhaber einer Konzession zur Erbringung eines öffentlichen Telekommunikationsdienstes sind verpflichtet, Rahmenvereinbarungen für die Mitbenutzung der von ihnen genutzten Antennentragemasten zu erstellen.

(8) Rahmenvereinbarungen gemäß Abs. 7 und Mitbenutzungsvereinbarungen gemäß Abs. 5 sind der Regulierungsbehörde schriftlich vorzulegen; sie werden von dieser veröffentlicht."

(Anmerkung: Die Abs. 2 bis 8 wurden eingefügt durch BGBl. I Nr. 27/1999 und traten am 13.01.1999 in Kraft.)

Duldungspflicht

§ 8. (1) Wird auf einem Grundstück eine durch Recht gesicherte Leitung oder Anlage vom Inhaber auch für die Errichtung, den Betrieb, die Erweiterung oder die Erneuerung von Telekommunikationslinien genutzt, ist dies vom Eigentümer zu dulden, wenn durch die Errichtung, den Betrieb, die Erweiterung oder die Erneuerung der Telekommunikationslinie die widmungsgemäße Verwendung des Grundstückes nicht dauerhaft zusätzlich eingeschränkt wird. Dem Eigentümer oder sonst Nutzungsberechtigten ist eine den zusätzlichen Diensten bzw. Nutzungskapazitäten angemessene Entschädigung zu zahlen. Die Regulierungsbehörde legt binnen sechs Monaten im Einvernehmen mit Vertretern der betroffenen Parteien bundesweit einheitliche Richtsätze zur einmaligen Abgeltung fest, die in geeigneter Form kundzumachen und auf Verlangen auszuzahlen sind. Sobald ein Angebot auf Entschädigung gemäß den einheitlichen Richtsätzen vorliegt, wird die Nutzung des Grundstücks für Zwecke von Telekommunikationslinien nicht gehemmt.

(2) Befindet sich auf einem Grundstück, das nicht öffentliches Gut ist, keine durch ein Recht gesicherte Leitung oder Anlage, hat der Eigentümer oder sonst Nutzungsberechtigte dieses Grundstückes die Errichtung, den Betrieb, die Erweiterung oder die Erneuerung von Telekommunikationslinien durch den Inhaber einer Konzession zur Erbringung eines öffentlichen Telekommunikationsdienstes oder andere Anbieter öffentlicher Telekommunikationsdienste zu dulden, wenn die widmungsgemäße Verwendung des Grundstückes durch die Nutzung nicht oder nur unwesentlich dauernd eingeschränkt wird. In diesem Fall ist der Eigentümer oder sonst Nutzungsberechtigte des Grundstückes durch eine einmalige Abgeltung zu entschädigen.

"(2a) Befindet sich auf einem Grundstück ein Antennentragemast oder ein Starkstromleitungsmast, dessen Eigentümer oder sonst Nutzungsberechtigter gemäß Abs. 2 verpflichtet, ist Mitbenutzung zu gestatten, ist auch diese Mitbenutzung vom Eigentümer oder sonst Nutzungsberechtigten des Grundstücks zu dulden, wenn dadurch die widmungsgemäße Verwendung des Grundstückes nicht dauerhaft zusätzlich eingeschränkt wird. Falls durch diese zusätzliche Mitbenutzung eine vermehrte physische Beanspruchung des Grundstückes nicht zweifelsfrei ausgeschlossen werden kann, hat der Eigentümer oder Nutzungsberechtigte des Grundstückes ein Zustimmungsrecht."

(Anmerkung: Abs. 2a wurde eingefügt durch BGBl. I Nr. 27/1999 und trat am 13.01.1999 in Kraft.)

(3) Unbeschadet sonst erforderlicher Bewilligungen und Genehmigungen ist der Inhaber eines Telekommunikationsnetzes berechtigt, die ihm aus dieser Duldungspflicht erwachsenen Rechte ganz oder teilweise dritten Personen zum Betrieb dieses Telekommunikationsnetzes zu übertragen.

Auflagen bei der Inanspruchnahme von Rechten gemäß §§ 6 bis 8

§ 9. (1) Die Berechtigten haben bei der Ausübung der Rechte gemäß §§ 6 bis 8 Rücksicht auf den Zweck und die Nutzung der in Anspruch genommenen Grundstücke zu nehmen. Sie haben mit tunlichster Schonung der benützten Grundstücke und der Rechte Dritter sowie in möglichst wenig belästigender Weise vorzugehen. Weiter gehende Verpflichtungen nach anderen Rechtsvorschriften bleiben unberührt.

(2) Die Berechtigten sind mit Ausnahme des Falles gemäß § 8 Abs. 1 verpflichtet, nach Maßgabe der technischen Möglichkeiten und unter Abwägung der wirtschaftlichen Bedingungen ihre Telekommunikationslinien in den Boden zu verlegen, wenn sich der Grundeigentümer (Nutzungsberechtigte) gegen eine Verlegung im Luftraum über seinem Grund ausspricht.

Übergang von Nutzungsrechten

§ 10. "(1) Die Nutzungsrechte (Duldungspflichten) gehen samt den mit ihnen verbundenen Verpflichtungen kraft Gesetzes auf den jeweiligen Rechtsnachfolger im Eigentum des Telekommunikationsnetzes, der Telekommunikationseinrichtung oder der Telekommunikationslinie und den jeweiligen Eigentümer oder sonst Nutzungsberechtigten des Antennentragemastes oder des Starkstromleitungsmastes über."

(Anmerkung: Abs. 1 wurde geändert durch BGBl. I Nr. 27/1999 und trat am 13.01.1999 in Kraft.)

(2) Sie sind gegen jeden Eigentümer (Nutzungsberechtigten) des in Anspruch genommenen Grundstückes wirksam.

Enteignungsrecht

§ 11. (1) Liegt die Errichtung einer Telekommunikationslinie oder einer öffentlichen Sprechstelle im öffentlichen Interesse und führt die Inanspruchnahme der Rechte gemäß §§ 6 bis 8 nicht oder nur mit unverhältnismäßigen Mitteln zum Ziel, ist eine Enteignung zulässig. Das Verfahren richtet sich nach dem Telekommunikationswegegesetz.

(2) Die Errichtung einer Telekommunikationslinie oder einer öffentlichen Sprechstelle durch einen Konzessionsinhaber gilt jedenfalls als im öffentlichen Interesse gelegen.

(3) Bei der Enteignung hat das jeweils gelindeste Mittel Anwendung zu finden. Wird durch die Enteignung die widmungsgemäße Verwendung des Grundstückes unmöglich oder unzumutbar, ist auf Verlangen des Grundstückseigentümers die zu belastende Grundfläche gegen angemessene Entschädigung in das Eigentum des Enteignungsberechtigten zu übertragen.

3. Abschnitt

Telekommunikationsdienste

Erbringung von Telekommunikationsdiensten

§ 12. (1) Jedermann ist berechtigt, Telekommunikationsdienste unter Einhaltung der gesetzlichen Bestimmungen zu erbringen.

(2) Auf das Anbieten von konzessionspflichtigen Telekommunikationsdiensten und das Betreiben von Telekommunikationsnetzen findet die Gewerbeordnung 1994, BGBl. Nr. 194/1994, keine Anwendung. Auf das Anbieten von anzeigepflichtigen Telekommunikationsdiensten finden die Bestimmungen der §§ 74 bis 84 und die damit im Zusammenhang stehenden Bestimmungen der Gewerbeordnung 1994, BGBl. Nr. 194/1994, keine Anwendung.

Anzeigepflicht

§ 13. (1) Der Diensteanbieter hat die beabsichtigte Erbringung eines Telekommunikationsdienstes sowie Änderungen des Betriebes und dessen Einstellung vor Betriebsaufnahme, Änderung oder Einstellung der Regulierungsbehörde anzuzeigen. Die Anzeige hat schriftlich unter Angabe der Art des Dienstes sowie der technischen und betrieblichen Merkmale zu erfolgen. Öffentliche Dienste sind als solche zu bezeichnen.

(2) Von der Anzeigepflicht gemäß Abs. 1 sind jene Telekommunikationsdienste ausgenommen, die den bloßen Wiederverkauf von Telekommunikationsdienstleistungen zum Gegenstand haben.

(3) Die Regulierungsbehörde hat mindestens einmal jährlich die Liste der angezeigten Telekommunikationsdienste samt Bezeichnung der Betreiber zu veröffentlichen.

Konzessionspflichtige Dienste

§ 14. (1) Einer Konzession bedarf das Erbringen des mobilen Sprachtelefondienstes und anderer öffentlicher Mobilfunkdienste mittels selbst betriebener Mobilkommunikationsnetze nach Maßgabe des § 20.

(2) Einer Konzession bedarf des Weiteren das Erbringen folgender Telekommunikationsdienste:

1. öffentlicher Sprachtelefondienst mittels eines selbst betriebenen festen Telekommunikationsnetzes,

2. öffentliches Anbieten von Mietleitungen mittels selbst betriebener fester Telekommunikationsnetze.

Erteilung der Konzession

§ 15. (1) Die Konzession wird auf schriftlichen Antrag durch die Regulierungsbehörde erteilt. Die Behörde hat über den Antrag binnen sechs Wochen zu entscheiden, sofern nicht auf Grund besonderer Umstände, wie der Unvollständigkeit der vom Antragsteller beizubringenden Unterlagen oder notwendiger zusätzlicher Erhebungen eine längere Entscheidungsfrist notwendig ist. Der Antrag auf Erteilung der Konzession hat Angaben über die Art des Dienstes, das Versorgungsgebiet sowie die organisatorischen, finanziellen und technischen Voraussetzungen für den Betrieb durch den Antragsteller zu enthalten.

(2) Die Konzession ist zu erteilen, wenn der Antragsteller

1. über die notwendigen technischen Fähigkeiten verfügt und

2. kein Grund zur Annahme besteht, dass er den beantragten Dienst gemäß der Konzession, insbesondere was die Qualität und die Versorgungspflicht betrifft, nicht erbringen wird. Hiebei sind die Finanzkraft des Antragstellers, seine Erfahrungen im Telekommunikationsbereich sowie in verwandten Geschäftsbereichen und seine Fachkunde zu berücksichtigen.

(3) Die Erteilung der Konzession zur Erbringung öffentlicher Mobilfunkdienste richtet sich nach den §§ 20 ff.

(4) Die Regulierungsbehörde kann die Konzession für Dienste gemäß § 14 Abs. 1 befristen, sofern dies wegen der Knappheit oder der Widmung der zur Verfügung stehenden Frequenzen notwendig ist. Im Übrigen sind Konzessionen unbefristet zu erteilen, sofern nicht eine Befristung beantragt ist. Die Dauer einer Befristung ist nach Art und Bedeutung der Konzession festzulegen. Der Konzessionsinhaber hat einen Rechtsanspruch auf Wiedererteilung der Konzession, wenn er die Konzession entsprechend dem Gesetz ausgeübt hat und die verwendeten Frequenzen wieder zugeteilt werden können.

(5) Die Konzession kann auf bestimmte Versorgungsgebiete und auf bestimmte Telekommunikationsdienste beschränkt erteilt werden, wenn dies beantragt oder wegen der Knappheit oder der Widmung der zur Verfügung stehenden Frequenzen notwendig ist.

(6) Die Konzession kann Nebenbestimmungen, insbesondere Bedingungen, Beginn- und Erfüllungsfristen sowie Auflagen enthalten, die dazu dienen, die Zielsetzungen und Bestimmungen dieses Gesetzes und der relevanten Vorschriften der Europäischen Gemeinschaften bestmöglich zu erfüllen. Dazu zählen unter anderem Regelungen hinsichtlich des Zeitpunktes der Betriebsaufnahme, des Angebotes an Telekommunikationsdiensten, der Qualität der Telekommunikationsdienste und der Zusammenarbeit mit anderen Diensteanbietern. Die Nebenbestimmungen haben sich an den relevanten Vorschriften der Europäischen Gemeinschaften zu orientieren.

Übertragung und Änderung der Konzession

§ 16. (1) Die Konzession kann teilweise oder vollständig nur mit Zustimmung der Regulierungsbehörde übertragen werden. Die Zustimmung darf nur bei Nichtvorliegen der in § 15 Abs. 2 genannten Gründe verweigert werden.

(2) Die Regulierungsbehörde kann einzelne Bestimmungen der Konzession vor Ablauf ihrer Dauer ändern, wenn die Änderung zur Wahrung wichtiger öffentlicher Interessen erforderlich ist. Weiters kann die Konzession nachträglich geändert werden

1. auf Antrag, wenn eine ordnungsgemäße Erfüllung der Anordnungen des Konzessionsbescheides, insbesondere der Nebenbestimmungen auf Grund geänderter Umstände nicht mehr zumutbar ist, wenn und insoweit dadurch von der Behörde wahrzunehmende Interessen und ein fairer Wettbewerb nicht beeinträchtigt werden;

2. auf Antrag oder von Amts wegen, wenn eine Anpassung der im Konzessionsbescheid zur Nutzung zugewiesenen Frequenzen auf Grund geänderter technischer oder rechtlicher Voraussetzungen im Interesse einer effizienten Frequenzverwaltung und eines fairen Wettbewerbs erforderlich ist, und die Änderung im Hinblick auf die zur Nutzung zugewiesenen Frequenzen nicht grundsätzlicher Art ist;

3. von Amts wegen hinsichtlich solcher Frequenzen, die einen Konzessionsinhaber zur Nutzung zugewiesen sind, die er aber auch nach Ablauf allfälliger bescheidmäßig dafür festgesetzter Fristen nicht ausnützt.

(3) Bei Änderungen der Konzession ist unter Schonung der wirtschaftlichen und betrieblichen Interessen des Konzessionsinhabers vorzugehen. Eine solche Verfügung begründet keinen Anspruch auf Entschädigung. Amtshaftungsansprüche bleiben unberührt.

Konzessionsgebühr

§ 17. (1) Zur Abdeckung der Verwaltungskosten, die bei der Erteilung der Konzession anfallen, ist eine Gebühr zu entrichten. Die Höhe der Gebühr ist vom Bundesminister für Wissenschaft und Verkehr im Einvernehmen mit dem Bundesminister für Finanzen durch Verordnung festzulegen.

(2) Konzessionsinhaber sowie Diensteanbieter, die auf Grund einer sonstigen Bewilligung nach diesem Gesetz einen öffentlichen Telekommunikationsdienst erbringen, sind nach Maßgabe ihres aus der Erbringung dieses Dienstes erfließenden Umsatzes gemessen an ihrem Anteil am innerösterreichischen Telekommunikationsmarkt verpflichtet, jährlich einen anteilsmäßigen Finanzierungsbeitrag zur Abdeckung des Aufwandes der Regulierungsbehörde, insbesondere zur Verwaltung, Kontrolle und Durchsetzung der Konzession zu leisten. Die Beitragsvorschreibung erfolgt durch die Regulierungsbehörde.

(3) Die Konzessionsgebühr und der Finanzierungsbeitrag fließen der Regulierungsbehörde zu.

Geschäftsbedingungen und Entgelte

§ 18. (1) Der Konzessionsinhaber hat Geschäftsbedingungen zu erlassen, die angebotenen Dienste zu beschreiben und die dafür vorgesehenen Entgelte festzulegen. Geschäftsbedingungen, Dienstebeschreibung und Entgelte sind der Regulierungsbehörde anzuzeigen und in geeigneter Form kundzumachen. Sofern eine Genehmigung gemäß Abs. 4 und 6 erforderlich ist, darf der Telekommunikationsdienst erst erbracht werden, wenn die Genehmigung vorliegt.

(2) Änderungen der Geschäftsbedingungen und der Entgelte sind mindestens zwei Monate vor ihrer Wirksamkeit in geeigneter Form kundzumachen. Änderungen der den Verträgen zugrundeliegenden Vertragsinhalte berechtigen die Vertragspartner des Konzessionsinhabers innerhalb von vier Wochen ab Kundmachung der Änderung den Vertrag zu kündigen.

(3) Jedermann ist berechtigt, öffentliche Telekommunikationsdienste, insbesondere auch den Universaldienst und besondere Versorgungsaufgaben unter Einhaltung der Geschäftsbedingungen in Anspruch zu nehmen.

(4) Für folgende öffentliche Telekommunikationsdienste bedürfen die Geschäftsbedingungen der Genehmigung durch die Regulierungsbehörde, sofern der Anbieter des Dienstes über eine marktbeherrschende Stellung verfügt:

1. Sprachtelefondienst über ein festes Netz und ein Mobilnetz und

2. Anbieten von Mietleitungen.

Verfügt der Anbieter über keine marktbeherrschende Stellung, sind die Geschäftsbedingungen sowie wesentliche Änderungen derselben der Regulierungsbehörde rechtzeitig vor Aufnahme des Dienstes oder Inkrafttreten der Änderung anzuzeigen. Bei den in Z 1 genannten Diensten kann die Regulierungsbehörde innerhalb von acht Wochen den Geschäftsbedingungen widersprechen, wenn diese diesem Gesetz oder den auf Grund dieses Gesetzes erlassenen Verordnungen oder den relevanten Vorschriften der Europäischen Gemeinschaften widersprechen.

(5) Ergibt sich im Rahmen der Streitschlichtung die Notwendigkeit der Änderung der Geschäftsbedingungen, kann diese Änderung von der Regulierungsbehörde mit Bescheid vorgeschrieben werden.

(6) Für folgende öffentliche Telekommunikationsdienste bedürfen die Entgelte der Genehmigung durch die Regulierungsbehörde, sofern der Anbieter des Dienstes über eine marktbeherrschende Stellung verfügt:

1. Sprachtelefondienst über ein festes Netz und

2. Anbieten von Mietleitungen.

Verfügt der Anbieter über keine marktbeherrschende Stellung, sind die Entgelte der Regulierungsbehörde rechtzeitig vor Aufnahme des Dienstes anzuzeigen. Ebenso sind die Entgelte für einen Sprachtelefondienst über ein Mobilnetz der Regulierungsbehörde anzuzeigen. Genehmigungspflichtige Entgelte sind unter Bedachtnahme auf die jeweils zugrundeliegenden Kosten, die zu erfüllenden Aufgaben und die Ertragslage festzulegen. Innerhalb einer Gebührenzone müssen die Entgelte einheitlich sein. Rabattregelungen bleiben davon unberührt. Eine Quersubventionierung zwischen einzelnen Gebührenzonen ist unzulässig.

(7) Nach der erstmaligen Genehmigung sind weitere Genehmigungen der Entgelte nur bei einer dauerhaften Änderung des Tarifgefüges erforderlich. Die beabsichtigten Änderungen sind mindestens acht Wochen vor der Änderung der Regulierungsbehörde bekannt zu geben. Die Regulierungsbehörde kann die Genehmigung auch in der Form der Festlegung von Tarifentwicklungen (price-cap-Verfahren) erteilen; sie kann auch Sondertarife vorsehen.

(8) Für die Erlassung von Geschäftsbedingungen und die Festlegung von Entgelten marktbeherrschender Anbieter hat der Bundesminister für Wissenschaft und Verkehr mit Verordnung die Rahmenbedingungen einschließlich der Grundsätze für die Gestaltung der Entgelte festzulegen. Hiebei sind insbesondere die Art und der Umfang der Leistungspflicht, die Berechnungsgrundlagen für die

Entgelte, die Schnittstellenbedingungen, die Qualität des Angebots an Übertragungswegen sowie die Bedingungen für die Nutzung und Zusammenschaltung sowie zeitlich befristete Abweichungen vom Verbot von Quersubventionierungen anlässlich der Einführung neuer Dienste oder Technologien festzulegen. Die Benachteiligung einzelner Regionen bei der Entgeltgestaltung ist auszuschließen. Die Verordnung hat auf die Verpflichtungen, die sich für die Republik Österreich aus internationalen Rechtsvorschriften ergeben, Bedacht zu nehmen.

Pflichten der Erbringer eines öffentlichen Sprachtelefondienstes

§ 19. Erbringer eines öffentlichen Sprachtelefondienstes haben

1. ein auf aktuellem Stand zu haltendes Teilnehmerverzeichnis zu führen,

2. einen Auskunftsdienst über Teilnehmeranschlüsse zu unterhalten,

3. die kostenlose Inanspruchnahme zu Notrufdiensten bereitzustellen und

4. ihr Teilnehmerverzeichnis auf Anforderung der Regulierungsbehörde unentgeltlich und anderen Erbringern gegen angemessenes Entgelt zumindest wöchentlich in elektronisch lesbarer Form oder On Line zum Zwecke der Auskunftserteilung oder Herausgabe von Verzeichnissen zur Verfügung zu stellen.

Konzessionspflicht für öffentliche Mobilfunkdienste

§ 20. (1) Die Erbringung des öffentlichen Sprachtelefondienstes mittels Mobilfunk und anderer öffentlicher Mobilfunkdienste mittels selbst betriebener Telekommunikationsnetze unterliegt grundsätzlich der Konzessionspflicht (§ 14 Abs. 1).

(2) Abweichend von Abs. 1 ist für einen öffentlichen Mobilfunkdienst keine Konzession erforderlich, wenn er mittels Satellitenfunk erbracht werden soll oder wenn sonst genügend Frequenzen für alle gegenwärtigen oder voraussehbaren künftigen Interessenten zur Verfügung stehen. Dies hat der Bundesminister für Wissenschaft und Verkehr durch Verordnung unter Bedachtnahme auf die Frequenzsituation einerseits und die künftige Entwicklung der in Frage kommenden Dienste andererseits festzulegen.

(3) Für die Nutzung des Funkfrequenzspektrums zur Veranstaltung von Rundfunk und Fernsehrundfunk sowie für die Erbringung von Telekommunikationsdiensten unter Verwendung von Rundfunkzusatzsignalen ist keine Konzession nach diesem Gesetz erforderlich; es gelten die rundfunkrechtlichen Vorschriften.

(4) Die Zuteilung weiterer Frequenzen an einen Konzessionsinhaber für denselben Dienst ist eine Erweiterung der bestehenden Konzession und erfolgt nach den Bestimmungen der Konzession. Sind in der Konzession diesbezüglich keine Bestimmungen enthalten, ist ein Verfahren gemäß § 22 durchzuführen.

(5) Für die Erbringung anderer als der konzessionspflichtigen Funkdienste werden die Frequenzen im Rahmen der Betriebsbewilligung über Antrag nach den Bestimmungen des § 51 zugeteilt.

Frequenznutzungsentgelt

§ 21. (1) Zur Sicherung einer effizienten Nutzung des Frequenzspektrums haben Inhaber einer Mobilfunkkonzession zusätzlich zur Frequenznutzungsgebühr ein einmaliges oder ein jährliches Frequenznutzungsentgelt zu leisten.

(2) Der Antrag auf Erteilung einer Mobilfunkkonzession hat die Höhe des Frequenznutzungsentgeltes zu nennen, das der Antragsteller für die Nutzung der für die Erbringung des Telekommunikationsdienstes vorgesehenen Frequenzen im Fall der Zuteilung einmalig oder laufend zu zahlen bereit ist. Die Regulierungsbehörde hat das Frequenznutzungsentgelt im Konzessionsbescheid vorzuschreiben, wobei der Antragsteller die in seinem Antrag getroffene Festlegung des Entgelts jedenfalls gegen sich gelten lassen muss.

Vergabeverfahren für konzessionspflichtige Mobilfunkdienste

§ 22. (1) Die Regulierungsbehörde hat die Konzession für konzessionspflichtige Mobilfunkdienste dem Antragsteller zu erteilen, der

1. die Voraussetzungen nach § 15 Abs. 2 erfüllt und

2. die effizienteste Nutzung der Frequenzen gewährleistet; dies wird nach Maßgabe des § 21 durch die Höhe des angebotenen Frequenznutzungsentgelts festgestellt.

(2) Die Regulierungsbehörde hat die Vergabe der Mobilfunkkonzessionen nach den Grundsätzen eines offenen, fairen und nichtdiskriminierenden Verfahrens vorzunehmen. Sie hat die beabsichtigte Vergabe einer Mobilfunkkonzession bei Vorliegen eines Konzessionsansuchens für den betreffenden Dienst sowie bei Bedarf von Amts wegen öffentlich auszuschreiben. Die Konzession kann für bestimmte Dienste und für bestimmte Versorgungsgebiete ausgeschrieben werden, nachdem der Bun-

desminister für Wissenschaft und Verkehr damit befasst wurde und zugestimmt hat.

(3) Die Ausschreibung ist im „Amtsblatt zur Wiener Zeitung" zu veröffentlichen. Dabei ist eine mindestens zweimonatige Frist zu bestimmen, innerhalb derer Anträge auf Erteilung der Konzession gestellt werden können.

(4) Die Ausschreibungsunterlagen haben den Telekommunikationsdienst, für dessen Erbringung die Frequenzen vergeben werden sollen, insbesondere hinsichtlich der wesentlichen technischen und wirtschaftlichen Daten so spezifiziert zu beschreiben sowie Anforderungen an Form und Inhalt der Antragsunterlagen so festzulegen, dass die Vergleichbarkeit der Anträge sichergestellt ist. Die Regulierungsbehörde kann für die Zurverfügungstellung der Ausschreibungsunterlagen einen Kostenersatz verlangen.

(5) Wesentliche Änderungen der Ausschreibungsbedingungen sind nur zulässig, soweit sich gesetzliche oder für die Republik Österreich verbindliche internationale Vorschriften ändern. Darüber hinaus ist die Behörde berechtigt, die Ausschreibung aus wichtigem Grund aufzuheben oder das Verfahren einzustellen. All das begründet keinen Anspruch auf Entschädigung; Amtshaftungsansprüche bleiben unberührt.

(6) Änderungen der Anträge nach Ablauf der Ausschreibungsfrist sind unzulässig. Dies gilt nicht für eine bereits in der Ausschreibung vorzusehende Möglichkeit der Nachbesserung des angebotenen Frequenznutzungsentgelts bis zu einem in der Ausschreibung festzusetzenden Zeitpunkt. In diesem Fall darf das von den Antragstellern angebotene Frequenznutzungsentgelt ausschließlich erhöht werden.

(7) Die Regulierungsbehörde hat jene Konzessionswerber von dem Konzessionsvergabeverfahren auszuschließen, die die grundsätzlichen Bedingungen, eine Konzession zu erlangen, gemäß § 15 Abs. 2 nicht erfüllen. Dies ist mittels Bescheid festzustellen.

(8) Die Konzession ist jenem Antragsteller zu erteilen, der die effizienteste Nutzung der mit der Konzession verbundenen Frequenzen am besten gewährleistet (Abs. 1 Z 2).

(9) Die Antragsteller für die Konzession bilden eine Verfahrensgemeinschaft. Die Erteilung und die Abweisungen der Konzession bilden einen einheitlichen Bescheid.

(10) Auf Antrag oder von Amts wegen kann die Regulierungsbehörde eine Anpassung der im Konzessionsbescheid zur Nutzung zugewiesenen Frequenzen vornehmen, wenn diese auf Grund geänderter technischer oder rechtlicher Voraussetzungen im Interesse einer effizienten Frequenznutzung und eines fairen Wettbewerbs zwingend erforderlich ist und die Änderung im Hinblick auf die zur Nutzung zugewiesenen Frequenzen nicht grundsätzlicher Art ist.

Erlöschen der Konzession

§ 23. (1) Die Konzession erlischt durch

1. Verzicht,

2. Widerruf,

3. Ablauf der Zeit, für die sie erteilt wurde,

4. Tod oder Erlöschen der Rechtspersönlichkeit des Konzessionsinhabers, nicht aber im Fall einer gesellschaftsrechtlichen Gesamtrechtsnachfolge, sowie

5. Nichtzahlung des Frequenznutzungsentgelts.

(2) Im Falle des Todes des Konzessionsinhabers kann die Verlassenschaft dieses Recht bis zur Einantwortung in Anspruch nehmen, doch hat der Vertreter der Verlassenschaft dies unverzüglich der Regulierungsbehörde anzuzeigen.

(3) Die Konzession ist durch die Regulierungsbehörde zu widerrufen, wenn die Voraussetzungen für ihre Erteilung weggefallen sind. Sie kann widerrufen werden, wenn der Konzessionsinhaber seine Pflichten gröblich oder wiederholt verletzt oder die Konzession durch mehr als ein Jahr nicht ausgeübt hat. Dem Konzessionsinhaber ist vor dem Widerruf angemessene Gelegenheit zur Stellungnahme einzuräumen.

(4) Die Konzession ist zu widerrufen, wenn über das Vermögen des Konzessionsinhabers der Konkurs eröffnet wurde oder der Antrag auf Konkurseröffnung mangels eines zur Deckung der Kosten des Konkursverfahrens voraussichtlich hinreichenden Vermögens abgewiesen wurde; die Regulierungsbehörde kann von dem Widerruf absehen, wenn die Weiterführung vorwiegend im Interesse der Gläubiger gelegen ist.

(5) Eine Verfügung nach Abs. 3 begründet keinen Anspruch auf Entschädigung. Amtshaftungsansprüche bleiben unberührt.

4. Abschnitt

Universaldienst

Begriff und Umfang

§ 24. (1) Universaldienst ist ein Mindestangebot an öffentlichen Telekommunikationsdienstleistungen, zu denen alle Nutzer unabhängig von ihrem Wohn- oder Geschäftsort zu einem erschwinglichen Preis Zugang haben müssen. Als erschwinglicher Preis wird jener Preis definiert, der zum 1. Jänner 1998 Gültigkeit hat. Die Regulierungsbehörde kann die Tarifentwicklung durch ein Preis-Cap-Verfahren festlegen, wobei § 18 Abs. 7 sinngemäß Anwendung findet.

(2) Der Universaldienst umfasst jedenfalls folgende Dienste:

1. den Zugang zum öffentlichen Sprachtelefondienst über einen Festnetzanschluss, über den auch ein Fax und ein Modem betrieben werden können, einschließlich der fernmeldetechnischen Übertragung von Daten mit Datenraten, wie sie über Übertragungswege für Sprache geleitet werden können,

2. den kostenlosen und ungehinderten Zugang zu Notrufdiensten, einschließlich der sachgerechten Abwicklung des Notrufes sowie der notwendigen Identifikation des Standortes der Anrufenden,

3. den Zugang zu Auskunftsdiensten,

4. den Zugang zu den Verzeichnissen der Teilnehmer an öffentlichen Sprachtelefondiensten und

5. die flächendeckende Versorgung mit öffentlichen Sprechstellen an allgemein und jederzeit zugänglichen Standorten.

(3) Durch Verordnung kann der Bundesminister für Wissenschaft und Verkehr weitere Dienste zum Universaldienst erklären, wenn diese bereits weit verbreitet und für die Teilnahme am gesellschaftlichen und wirtschaftlichen Leben von Bedeutung sind.

Qualität

§ 25. Der Universaldienst muss bundesweit flächendeckend, zu einem einheitlichen und erschwinglichen Preis in einer bestimmten Qualität verfügbar sein. Die Qualitätskriterien hat der Bundesminister für Wissenschaft und Verkehr in Übereinstimmung mit den relevanten Bestimmungen der Europäischen Gemeinschaften sowie unter Bedachtnahme auf den Stand der Technik und unter Berücksichtigung der wirtschaftlichen Gegebenheiten durch Verordnung festzulegen. Dabei sind jedenfalls zu regeln:

1. die übertragungstechnischen Anforderungen,

2. die Frist zur Erlangung eines Anschlusses,

3. die Verfügbarkeit,

4. die Störungshäufigkeit,

5. der Anteil erfolgreicher Verbindungsaufbauten an allen Verbindungen,

6. die Reaktionszeit und die Durchführungsdauer der Störungsbehebung sowie

7. die maximale Wartezeit bei Auskunft.

Teilnehmerverzeichnis für den öffentlichen Sprachtelefondienst

§ 26. (1) Die Regulierungsbehörde hat sicherzustellen, dass ein einheitliches Gesamtverzeichnis aller Teilnehmer an öffentlichen Sprachtelefondiensten in gedruckter oder elektronisch lesbarer Form verfügbar ist. Sofern ein solches nicht am Markt dem Bedarf entsprechend angeboten wird, hat sie ein solches herauszugeben oder für die Herausgabe zu sorgen. Dies gilt auch für ein nach Maßgabe der verfügbaren Daten nach Branchen (Berufsgruppen) geordnetes Verzeichnis der Teilnehmer. Die Regulierungsbehörde hat sicherzustellen, dass auch ein telefonischer Auskunftsdienst zur Verfügung steht.

(2) Konzessionsinhaber, die öffentlichen Sprachtelefondienst über ein festes Netz oder ein Mobilnetz anbieten, sind verpflichtet, der Regulierungsbehörde zur Erfüllung ihrer Aufgaben gemäß Abs. 1 Teilnehmerdaten in der von dieser vorgegebenen Form unentgeltlich zu übermitteln.

Besondere Versorgungsaufgaben

§ 27. (1) Durch Verordnung kann der Bundesminister für Wissenschaft und Verkehr Betreibern von öffentlichen Telekommunikationsdiensten besondere Versorgungsaufgaben aus regional- oder sozialpolitischen Gründen auferlegen, sofern deren Finanzierung durch den Auftraggeber sichergestellt und die Übernahme dem Betreiber zumutbar ist. Besondere Versorgungsaufgaben können insbesondere in der Reduktion von Tarifen für bestimmte Benutzergruppen bestehen.

(2) Werden besondere Versorgungsaufgaben gemäß § 28 Abs. 3 erbracht, so ist bei der Abrechnung wie folgt vorzugehen:

1. Die Abrechnung der aus der Tarifreduktion entstehenden Fehlbeträge hat unter Aufsicht und Vermittlung der Regulierungsbehörde direkt zwischen dem Auftraggeber und dem Dienstebetreiber zu erfolgen. Der Verrechnung ist die Differenz zwi-

schen dem jeweiligen veröffentlichten Tarifansatz und dem reduzierten Tarif zugrunde zu legen.

2. Für Leistungen, für die kein veröffentlichter Tarif als Verrechnungsgrundlage zur Verfügung steht, sind die unter Zugrundelegung einer Vollkostenrechnung sich ergebenden Kosten samt einem angemessenen Gewinnzuschlag in Rechnung zu stellen.

3. Die Regulierungsbehörde hat die Durchführung der besonderen Versorgungsaufgaben durch die Dienstebetreiber zu überwachen.

4. Allenfalls von der Regulierungsbehörde einzuhebende Gebühren zur Abgeltung ihres Aufwandes nach dieser Bestimmung sind dem Auftraggeber vorzuschreiben.

Erbringer

§ 28. (1) Die Erbringung des Universaldienstes und der besonderen Versorgungsaufgaben ist vom Bundesminister für Wissenschaft und Verkehr öffentlich auszuschreiben und nach den Vorschriften über die Vergabe von Leistungen zu vergeben. Er kann sich dabei der Regulierungsbehörde bedienen. Die Erbringung des Universaldienstes und der besonderen Versorgungsaufgaben soll nach sachlichen oder regionalen Gesichtspunkten getrennt erfolgen. Die Erbringung des Universaldienstes ist periodisch, jedenfalls alle zehn Jahre auszuschreiben. Bei der Vergabe ist vor allem zu berücksichtigen, wer den geringsten Beitrag zu den Kosten der Leistung benötigen wird.

(2) Die Ausschreibung ist im „Amtsblatt zur Wiener Zeitung" unter Setzung einer angemessenen Bewerbungsfrist und Angabe des zu versorgenden Gebietes sowie der Art der zu erbringenden Leistung zu veröffentlichen.

(3) Ist innerhalb der Bewerbungsfrist kein Angebot zur Erbringung der ausgeschriebenen Leistung gelegt worden, kann die Regulierungsbehörde den Erbringer eines öffentlichen Sprachtelefondienstes, der auf dem jeweiligen sachlich und räumlich relevanten Markt über den größten Marktanteil verfügt, dazu verpflichten, diese Leistung nach Maßgabe der in diesem Gesetz festgelegten Bedingungen zu erbringen.

Finanzieller Ausgleich

§ 29. (1) Die nachweislich aufgelaufenen Kosten des Universaldienstes, die trotz wirtschaftlicher Betriebsführung nicht hereingebracht werden können, sind dem Erbringer des Diensts auf dessen Antrag nach Ablauf des Kalenderjahres abzugelten. Die Kostenberechnung hat sich nach Anlage 3 der Zusammenschaltungsrichtlinie zu richten.

(2) Hat der Erbringer des Universaldienstes auf dem relevanten Markt (öffentlicher Sprachtelefondienst) umsatzmäßig einen Anteil von mehr als 80%, kann er keinen Ausgleich beanspruchen.

(3) Der Regulierungsbehörde sind vom Erbringer des Universaldienstes geeignete Unterlagen vorzulegen, die es ihr ermöglichen, die Angaben hinsichtlich der nachweislich aufgelaufenen Kosten zu überprüfen. Sie kann zu diesem Zweck selbst oder durch einen von ihr beauftragten Wirtschaftsprüfer Einschau in die Bücher und Aufzeichnungen vornehmen, Vergleiche mit anderen Anbietern anstellen sowie sonstige zielführende und dem Grundsatz der Verhältnismäßigkeit entsprechende Maßnahmen ergreifen. In begründeten Fällen kann die Regulierungsbehörde auch einen geringeren Betrag als den beantragten festsetzen.

(4) Im Falle einer Ausschreibung nach § 28 gewährt die Regulierungsbehörde einen Ausgleich jedoch höchstens entsprechend dem Ausschreibungsergebnis.

Universaldienstfonds

§ 30. (1) Die Regulierungsbehörde hat bei Bedarf einen Universaldienstfonds einzurichten und zu verwalten. Der Fonds dient der Finanzierung des Universaldienstes (§ 29 Abs. 1). Der Fonds hat über seine Tätigkeiten und Leistungen jährlich einen Geschäftsbericht zu veröffentlichen.

(2) Konzessionsinhaber, die öffentlichen Sprachtelefondienst über ein festes Netz oder ein Mobilnetz anbieten und einen Jahresumsatz von mehr als 250 Millionen Schilling haben, haben nach dem Verhältnis ihres Marktanteils zur Finanzierung des Universaldienstfonds und zur Finanzierung der Fondsverwaltung beizutragen (Universaldienstleistungsabgabe). Der Anteil bemisst sich nach dem Verhältnis seines Umsatzes zur Summe des Umsatzes der beitragspflichtigen Konzessionsinhaber auf dem jeweiligen sachlich relevanten Markt im Geltungsbereich dieses Bundesgesetzes.

(3) Nach Ablauf des Kalenderjahres, für das ein Ausgleich nach § 29 gewährt wird, setzt die Regulierungsbehörde die Anteile der zu diesem Ausgleich beitragenden Diensteanbieter fest und teilt dies den Betroffenen mit.

(4) Die zum Ausgleich nach § 29 beitragenden Anbieter sind verpflichtet, die von der Regulierungsbehörde festgesetzten, auf sie entfallenden Anteile innerhalb von vier Wochen an die Regulierungsbehörde zu entrichten. Die Frist beginnt mit dem Tag des Zugangs der in Abs. 3 genannten Mitteilung.

(5) Ist ein zum Beitrag verpflichteter Anbieter mit der Zahlung mehr als drei Monate im Rückstand, erlässt die Regulierungsbehörde einen Bescheid über die rückständigen Beiträge und treibt diese ein.

Umsatzmeldungen

§ 31. Wird ein Dienstebetreiber gemäß § 28 zur Erbringung des Universaldienstes verpflichtet, haben Anbieter, die auf dem jeweiligen Markt der betreffenden Telekommunikationsdienstleistung tätig sind, der Regulierungsbehörde ihre Umsätze auf dem jeweiligen Markt jeweils auf Verlangen jährlich mitzuteilen. Andernfalls kann die Regulierungsbehörde zu diesem Zweck selbst oder durch einen von ihr beauftragten Wirtschaftsprüfer Einschau in die Bücher und Aufzeichnungen nehmen und eine Schätzung vornehmen.

5. Abschnitt

Wettbewerbsregulierung

Regulierungsziele

§ 32. (1) Die Regulierungsbehörde hat durch die nachfolgend angeführten Maßnahmen der Regulierung

1. einen chancengleichen und funktionsfähigen Wettbewerb am Telekommunikationsmarkt sicherzustellen,

2. den Marktzutritt neuer Anbieter zu fördern,

3. den Missbrauch einer marktbeherrschenden Stellung abzustellen und Missbräuchen vorzubeugen,

4. die Einhaltung der Grundsätze eines offenen Netzzugangs gemäß ONP sicherzustellen,

5. die sektorspezifischen Wettbewerbsregeln der Europäischen Gemeinschaften umzusetzen und

6. Streitfälle zwischen Marktteilnehmern sowie zwischen Marktteilnehmern und Nutzern zu schlichten.

(2) Die Zuständigkeiten des Kartellgerichtes bleiben unberührt.

Marktbeherrschende Unternehmer

§ 33. (1) Ein Unternehmer ist marktbeherrschend im Sinne dieses Gesetzes, wenn er als Anbieter oder Nachfrager von Telekommunikationsdienstleistungen am sachlich und räumlich relevanten Markt

1. keinem oder nur unwesentlichem Wettbewerb ausgesetzt ist oder

2. auf Grund seiner Möglichkeit, Marktbedingungen zu beeinflussen, seines Umsatzes im Verhältnis zur Größe des Marktes, seiner Kontrolle über den Zugang zu Endbenutzern, seines Zuganges zu Finanzmitteln sowie seiner Erfahrung mit der Bereitstellung von Produkten und Diensten auf dem Markt über eine im Verhältnis zu seinen Mitbewerbern überragende Marktstellung verfügt.

(2) Es wird vermutet, dass ein Unternehmer marktbeherrschend ist, wenn er am sachlich und räumlich relevanten Markt über einen Marktanteil von mehr als 25% verfügt. Die Regulierungsbehörde kann jedoch festlegen, dass ein Unternehmen mit weniger als 25% an dem betreffenden Markt über eine marktbeherrschende Stellung verfügt. Sie kann auch festlegen, dass ein Unternehmen mit einem Anteil von mehr als 25% an dem betreffenden Markt nicht über eine marktbeherrschende Stellung verfügt. In beiden Fällen sind bei der Festlegung die Kriterien gemäß Abs. 1 zu berücksichtigen.

(3) Die Regulierungsbehörde veröffentlicht einmal jährlich im Amtsblatt zur Wiener Zeitung, auf welchen sachlich und räumlich relevanten Märkten Anbieter über eine marktbeherrschende Stellung verfügen. Vor der Veröffentlichung nach Abs. 3 ist den betroffenen Unternehmern die Möglichkeit zur Stellungnahme einzuräumen. Die Veröffentlichung hat keine Rechtswirkungen.

(4) Die Regulierungsbehörde hat auf Antrag eines betroffenen Unternehmers durch Bescheid festzustellen, ob dieser marktbeherrschend im Sinne dieses Bundesgesetzes ist. Sie kann dies auch von Amts wegen tun.

Offener Netzzugang (ONP)

§ 34. (1) Ein Anbieter, der auf dem Markt für Telekommunikationsdienstleistungen für die Öffentlichkeit über eine marktbeherrschende Stellung verfügt, hat Wettbewerbern auf diesem Markt unter Einhaltung des Grundsatzes der Nichtdiskriminierung unter vergleichbaren Umständen zu gleichwertigen Bedingungen in derselben Qualität Leistungen bereitzustellen, die er am Markt anbietet oder die er für seine eigenen Dienste oder für Dienste verbundener Unternehmen bereitstellt.

(2) Er darf insbesondere den Zugang nur so weit beschränken, als dies den grundlegenden Anforderungen im Sinne des Artikels 3 Abs. 2 der Richtlinie 90/387/EWG des Rates vom 28. Juni 1990 zur Verwirklichung des Binnenmarktes für Telekommunikationsdienste durch Einführung eines offenen Netzzugangs (Open Network Provision - ONP) (ABl. Nr. L 192 vom 24. 7. 1990, S 1) entspricht. Dabei ist den Wettbewerbern anzugeben, welche der grundlegenden Anforderungen einer Beschränkung im Einzelfall zugrunde liegt.

(3) Die Regulierungsbehörde kann einem Anbieter, der gegen Abs. 1 verstößt, ein Verhalten auferlegen oder untersagen und Verträge ganz oder teilweise für unwirksam erklären, soweit dieser Anbieter seine marktbeherrschende Stellung missbräuchlich ausnutzt. Vor einem solchen Schritt hat die Regulierungsbehörde die Beteiligten aufzufordern, den beanstandeten Missbrauch abzustellen.

(4) Ein Missbrauch wird vermutet, wenn ein Anbieter, der auf dem jeweiligen Markt über eine marktbeherrschende Stellung verfügt, sich selbst oder verbundenen Unternehmen den Zugang zu seinen intern genutzten und zu seinen am Markt angebotenen Leistungen zu günstigeren Bedingungen ermöglicht, als er sie den Wettbewerbern bei der Nutzung dieser Leistungen für ihre Dienstleistungsangebote einräumt. Dies kann dadurch entkräftet werden, dass der Anbieter Tatsachen nachweist, die die Einräumung ungünstigerer Bedingungen, insbesondere die Auferlegung von Beschränkungen, sachlich rechtfertigen.

Schnittstellen für offenen Netzzugang

§ 35. (1) Marktbeherrschende Unternehmen und Universaldienstverpflichtete sind verpflichtet, die nach ONP-Grundsätzen harmonisierten Schnittstellen anzubieten. Es steht ihnen frei, auch andere Schnittstellen anzubieten.

(2) Hält ein Anbieter, der auf dem jeweiligen Markt über eine marktbeherrschende Stellung verfügt, beim Angebot von Telekommunikationsdienstleistungen nicht die Normen ein, welche die Europäische Kommission oder der Rat nach Artikel 10 der Richtlinie 90/387/EWG des Rates vom 28. Juni 1990 zur Verwirklichung des Binnenmarktes für Telekommunikationsdienste durch Einführung eines offenen Netzzugangs (Open Network Provision - ONP) (ABl. Nr. L 192 vom 24. 7. 1990, S 1) für verbindlich erklärt hat, so hat die Regulierungsbehörde die Befugnisse gemäß § 34 Abs. 3.

(3) Hält ein Anbieter oder ein Nutzer die im Amtsblatt der Europäischen Gemeinschaften veröffentlichten europäischen Normen betreffend Schnittstellen und Dienstleistungsmerkmale für den offenen Netzzugang, die zu berücksichtigen sind, ein, so wird vermutet, dass er die grundlegenden Anforderungen für den offenen Netzzugang erfüllt.

(4) Bestehen für das Angebot von Telekommunikationsdienstleistungen keine im Amtsblatt der Europäischen Gemeinschaften veröffentlichten europäischen Normen von Schnittstellen und von Dienstleistungsmerkmalen für den offenen Netzzugang, kann die Regulierungsbehörde dem Anbieter auferlegen, die Einhaltung der grundlegenden Anforderungen für den offenen Netzzugang nachzuweisen.

Mindestangebot an Mietleitungen

§ 36. Marktbeherrschende Anbieter von Mietleitungen sind verpflichtet, in dem von ihnen beherrschten Markt ein Mindestangebot an Mietleitungen mit einheitlichen technischen Merkmalen gemäß Art. 7 in Verbindung mit Anhang II der Richtlinie 92/44/EWG des Rates vom 5. Juni 1992 zur Einführung des offenen Netzzugangs bei Mietleitungen (ABl. Nr. L 165 vom 19. 6. 1992, S 27) öffentlich anzubieten. Sie haben dafür allgemeine Geschäftsbedingungen und kostenorientierte Entgelte festzulegen. Diese unterliegen den Vorschriften über Allgemeine Geschäftsbedingungen und Entgelte gemäß § 18.

Gewährung von Netzzugang und Zusammenschaltung

§ 37. (1) Der Betreiber eines Telekommunikationsnetzes, der Telekommunikationsdienstleistungen für die Öffentlichkeit anbietet und über eine marktbeherrschende Stellung verfügt, hat anderen Nutzern Zugang zu seinem Telekommunikationsnetz oder zu entbündelten Teilen desselben zu ermöglichen. Die Verpflichtung zur Entbündelung besteht insoweit nicht, als der Betreiber Tatsachen nachweist, auf Grund derer diese Verpflichtung im Einzelfall sachlich nicht gerechtfertigt ist. Die Regulierungsbehörde hat binnen sechs Wochen über die sachliche Rechtfertigung und darüber zu entscheiden, ob ein technischer oder ökonomischer Mehraufwand für Teilleistungen aus wettbewerbsrechtlicher Sicht zumutbar und abzugelten ist. Ein solcher Betreiber hat insbesondere eine Zusammenschaltung seines Telekommunikationsnetzes mit öffentlichen Telekommunikationsnetzen anderer Betreiber zu ermöglichen.

(2) Der Zugang ist über Anschlüsse, die allgemein am Markt nachgefragt werden (allgemeiner Netzzugang), zu gewähren. Er kann auch über besondere Anschlüsse (besonderer Netzzugang) gewährt werden, wenn dies der Nutzer begehrt.

(3) Vereinbarungen über Netzzugänge und Zusammenschaltung müssen auf objektiven Maßstäben beruhen, nachvollziehbar sein und einen gleichwertigen nichtdiskriminierenden entbündelten Zugang zu den Telekommunikationsnetzen eines Betreibers nach Abs. 1 Satz 1 gewähren.

Umfang der Zusammenschaltung

§ 38. (1) Die Zusammenschaltung hat zumindest folgende Leistungen zu umfassen:

1. Sicherstellung des Zugangs von Nutzern eines marktbeherrschenden Anbieters zum Netz eines neuen Anbieters durch vorprogrammierte Netzaus-

wahl oder Wählen von Auswahlcodes entsprechend dem Nummerierungsplan,

2. Zurverfügungstellung der notwendigen Vermittlungsdaten der jeweiligen Verbindung an den zusammenschaltenden Anbieter,

3. Zustellung der Gespräche an Nutzer der jeweils anderen zusammengeschalteten Betreiber,

4. Zurverfügungstellung der für die Verrechnung benötigten Daten in geeigneter Weise an den zusammenschaltenden Anbieter.

(2) Die näheren Bestimmungen über die Zusammenschaltung sind vom Bundesminister für Wissenschaft und Verkehr durch Verordnung festzulegen. Dabei hat er auf die Sicherstellung wirksamen Wettbewerbs und auf die Aufrechterhaltung einer durchgehenden Dienstqualität Bedacht zu nehmen sowie die verbindlichen internationalen Vorschriften zu berücksichtigen. Weiters hat er durch Verordnung ein Mindestangebot an entbündelten Netzelementen festzulegen. Dabei ist vor allem auf die internationale Praxis Bedacht zu nehmen.

(3) Ist für die Zusammenschaltung eine Heranführung über Leitungswege notwendig und ist für einen im Wettbewerb stehenden gleichen oder ähnlichen Dienst des marktbeherrschenden Anbieters dies nicht notwendig, so sind die Kosten der Heranführung auf beide Anbieter gleichmäßig aufzuteilen (fiktive Kosten).

(4) Die Telekom-Control-Kommission entscheidet im Streitfall über die Angemessenheit der Kosten und die technische Realisierbarkeit einer Zusammenschaltung gemäß Abs. 3.

Einschränkungen

§ 39. (1) Der Betreiber darf den Netzzugang und die Zusammenschaltung nur aus Gründen beschränken, die auf den grundlegenden Anforderungen im Sinne des Art. 3 Abs. 2 der Richtlinie 90/387/EWG des Rates vom 28. Juni 1990 zur Verwirklichung des Binnenmarktes für Telekommunikationsdienste durch Einführung eines offenen Netzzugangs (Open Network Provision - ONP) (ABl. Nr. L 192 vom 24. 7. 1990, S 1) beruhen und nur insoweit, als die Beschränkung in Übereinstimmung mit dem sonstigen Recht der Europäischen Gemeinschaften steht.

(2) Der Betreiber nach Abs. 1 hat den Nachweis gegenüber der Regulierungsbehörde zu führen, dass eine Ablehnung oder Einschränkung berechtigt ist.

Besonderer Netzzugang

§ 40. (1) Begehrt ein Nutzer die Bereitstellung eines besonderen Netzzugangs, so ist ein solcher zu gewähren, wenn es technisch realisierbar ist und der Nutzer die Kosten dafür trägt.

(2) Die Regulierungsbehörde regelt, in welcher Weise ein besonderer Netzzugang, insbesondere für die Zusammenschaltung, zu ermöglichen ist. Die Richtlinien der Europäischen Gemeinschaften, die nach Art. 6 der Richtlinie 90/387/EWG des Rates vom 28. Juni 1990 zur Verwirklichung des Binnenmarktes für Telekommunikationsdienste durch Einführung eines offenen Netzzugangs (Open Network Provision - ONP) (ABl. Nr. L 192 vom 24. 7. 1990, S 1) vom Europäischen Parlament und vom Rat erlassen werden, sind zu beachten.

Verhandlungspflicht

§ 41. (1) Jeder Betreiber eines öffentlichen Telekommunikationsnetzes ist verpflichtet, anderen Betreibern solcher Netze auf Nachfrage ein Angebot auf Zusammenschaltung abzugeben. Alle Beteiligten haben hiebei das Ziel anzustreben, die Kommunikation der Nutzer verschiedener öffentlicher Telekommunikationsnetze untereinander zu ermöglichen und zu verbessern.

(2) Kommt zwischen einem Betreiber eines Telekommunikationsnetzes, der Telekommunikationsdienstleistungen für die Öffentlichkeit anbietet, und einem anderen Betreiber eines öffentlichen Telekommunikationsnetzes eine Vereinbarung über Zusammenschaltung binnen einer Frist von sechs Wochen ab dem Einlangen der Nachfrage nicht zustande, kann jeder der an der Zusammenschaltung Beteiligten die Regulierungsbehörde anrufen.

(3) Die Regulierungsbehörde hat nach Anhörung der Beteiligten innerhalb einer Frist von sechs Wochen, beginnend mit der Anrufung, über die Anordnung der Zusammenschaltung zu entscheiden. Die Regulierungsbehörde kann das Verfahren um längstens vier Wochen verlängern. Die Anordnung ersetzt eine zu treffende Vereinbarung. Die Regulierungsbehörde hat dabei die Richtlinien der Europäischen Gemeinschaften, die nach Art. 6 der Richtlinie 90/387/EWG des Rates vom 28. Juni 1990 zur Verwirklichung des Binnenmarktes für Telekommunikationsdienste durch Einführung eines offenen Netzzugangs (Open Network Provision - ONP) (ABl. Nr. L 192 vom 24. 7. 1990, S 1) vom Europäischen Parlament und vom Rat erlassen werden, zu beachten. Entsprechend der Richtlinie findet der Grundsatz der Kostenorientiertheit nur bei der Festlegung der Höhe der Entgelte von marktbeherrschenden Unternehmen Anwendung.

(4) Marktbeherrschende Unternehmen sind verpflichtet, eine Liste jener Standardzusammenschaltungsangebote für ihre Netze zu erstellen, die am Markt nachgefragt werden, oder die von Diensten, die dieses Unternehmen selbst im Wettbewerb mit anderen erbringt, verwendet werden.

(5) Standardzusammenschaltungsangebote gemäß Abs. 4 und Zusammenschaltungsvereinbarungen gemäß Abs. 2 sind der Regulierungsbehörde schriftlich vorzulegen; sie werden von dieser veröffentlicht.

Entgelte für die Gewährung von Netzzugang

§ 42. Marktbeherrschende Unternehmen haben die Entgelte und Bedingungen für Standardzusammenschaltungsangebote in die Geschäftsbedingungen aufzunehmen und zu veröffentlichen (§ 18).

Strukturelle Trennung und getrennte Rechnungsführung

§ 43. (1) Unternehmen, die auf anderen Märkten als dem der Telekommunikation eine marktbeherrschende Stellung innehaben oder in anderen Bereichen über besondere oder ausschließliche Rechte verfügen, dürfen die Entgelte für ihre Telekommunikationsdienstleistungen nicht aus den Bereichen mit besonderen oder ausschließlichen Rechten quersubventionieren.

(2) Unternehmen, die auf einem Markt der Telekommunikation über eine marktbeherrschende Stellung verfügen, dürfen nicht konzessionspflichtige Telekommunikationsdienstleistungen untereinander und auch nicht zwischen diesen und anderen Telekommunikationsdienstleistungen quersubventionieren.

(3) Erbringer von öffentlichen Telekommunikationsdiensten, die auf anderen Märkten als der Telekommunikation eine marktbeherrschende Stellung innehaben oder in anderen Bereichen über besondere oder ausschließliche Rechte verfügen, haben durch eine geeignete organisatorische oder rechnungsmäßige Trennung ihrer Geschäftstätigkeit im Telekommunikationsbereich von ihren anderen Geschäftsfeldern die Transparenz der Zahlungs- und Leistungsströme zwischen diesen Geschäftsfeldern sicherzustellen.

(4) Erbringer von öffentlichen Telekommunikationsdiensten, die auf einem Markt der Telekommunikation eine marktbeherrschende Stellung innehaben, haben durch geeignete organisatorische oder rechnungsmäßige Trennung ihrer Tätigkeiten auf den verschiedenen Märkten der Telekommunikation die Transparenz der Zahlungs- und Leistungsströme zwischen diesen Geschäftsfeldern sicherzustellen.

(5) Die Regulierungsbehörde hat von Amts wegen oder auf Antrag eines Marktteilnehmers eine Überprüfung der Einhaltung der Verpflichtung nach §§ 43 und 45 einzuleiten, wenn der begründete Verdacht auf Zuwiderhandeln gegen diese Verpflichtung besteht. Sie kann zu diesem Zweck Einschau in die Aufzeichnungen und Bücher der betroffenen Unternehmen nehmen und die betroffenen Unternehmen auffordern, detaillierte Auskunft über die Kostenzuordnung zu geben.

Überlassung von Infrastruktur

§ 44. (1) Überlässt ein Unternehmen gemäß § 43 Abs. 1 seine Infrastruktur oder freie Kapazitäten seiner Infrastruktur einem anderen und erbringt dieser damit einen konzessionspflichtigen Telekommunikationsdienst, so dürfen die der Überlassung zugrundeliegenden Kosten nicht aus den Bereichen mit besonderen oder ausschließlichen Rechten quersubventioniert sein.

(2) Eine Überlassung gemäß Abs. 1 ist vom überlassenden Unternehmen der Regulierungsbehörde vor Aufnahme des Dienstes anzuzeigen. Dabei ist auch nachzuweisen, dass die Verpflichtung gemäß Abs. 1 eingehalten wird. Die Regulierungsbehörde kann innerhalb von acht Wochen der Überlassung widersprechen, wenn sie zur Ansicht gelangt, dass eine Quersubventionierung vorliegt.

(3) Bei einem Widerspruch darf die zu überlassende Infrastruktur für Telekommunikationsdienste vorläufig verwendet werden, wenn ein quersubventionsfreier Zustand hergestellt wird.

(4) Der Widerspruch hat auch jene Bedingungen und Auflagen zu enthalten, mit denen die Einhaltung des Quersubventionsverbotes rückwirkend sichergestellt wird, sowie einen angemessenen Zeitraum zu bestimmen, innerhalb dessen sie nachweislich zu erfüllen sind.

Kostenrechnung

§ 45. Anbieter von öffentlichen Telekommunikationsdienstleistungen, die auf einem Markt der Telekommunikation eine marktbeherrschende Stellung innehaben, sind verpflichtet, ein Kostenrechnungssystem im Einklang mit den ONP-Richtlinien zu betreiben, das die Zuordnung von Kosten und Kostenelementen auf alle Dienste und Diensteelemente vorsieht und eine nachträgliche Überprüfung erlaubt.

Einschau durch die Regulierungsbehörde

§ 46. Den Organen der Regulierungsbehörde sowie den von ihr beauftragten Wirtschaftsprüfern ist zur Überprüfung der Einhaltung der Verpflichtungen nach diesem Abschnitt und der relevanten Vorschriften der Europäischen Gemeinschaften auf Verlangen Einschau in die Aufzeichnungen und Bücher zu gewähren.

6. Abschnitt

Frequenzen

Frequenzverwaltung

§ 47. (1) Der Bundesminister für Wissenschaft und Verkehr verwaltet das Frequenzspektrum sowie die österreichischen Nutzungsrechte und Orbitalpositionen von Satelliten unter Beachtung der internationalen Vereinbarungen. Er hat durch geeignete Maßnahmen eine effiziente und störungsfreie Nutzung zu gewährleisten.

(2) Der Bundesminister für Wissenschaft und Verkehr hat die Frequenzbereiche, die den einzelnen Funkdiensten und anderen Anwendungen elektromagnetischer Wellen zugewiesen werden, in einem Frequenzbereichszuweisungsplan festzulegen. Dieser ist in geeigneter Form zu veröffentlichen. Sofern dies aus Gründen einer störungsfreien und effizienten Frequenznutzung erforderlich ist, können in diesem Plan bereits nähere Festlegungen für Frequenznutzungen getroffen werden; insbesondere können für bestimmte Frequenzbereiche räumliche, zeitliche und sachliche Festlegungen getroffen werden, bei deren Einhaltung eine freizügige Nutzung zulässig ist.

(3) Der Bundesminister für Wissenschaft und Verkehr hat der Regulierungsbehörde über deren Ersuchen oder von Amts wegen Teile des Frequenzspektrums zur wirtschaftlichen Nutzung zuzuteilen. Dabei sind jedenfalls der Verwendungszweck und die technischen Nutzungsbedingungen bekannt zu geben.

Frequenznutzungsplan

§ 48. (1) Der Bundesminister für Wissenschaft und Verkehr hat auf der Grundlage des Frequenzbereichszuweisungsplanes einen Frequenznutzungsplan zu erstellen. Dabei hat er insbesondere auf die internationale Harmonisierung, die technische Entwicklung und auf die Verträglichkeit von Frequenznutzungen in den Übertragungsmedien Bedacht zu nehmen.

(2) Der Frequenznutzungsplan hat die Aufteilung der Frequenzbereiche auf Frequenznutzungen sowie Festlegungen für diese Frequenznutzungen zu enthalten. Er kann aus Teilplänen bestehen. Er ist in geeigneter Form zu veröffentlichen.

Frequenzzuteilung

§ 49. (1) Jede Frequenz darf nur auf Grund einer Bewilligung durch die Fernmeldebehörde in Betrieb genommen werden (Betriebsbewilligung). Die Frequenzzuteilung dafür hat nach Maßgabe des Frequenznutzungsplans diskriminierungsfrei auf der Grundlage nachvollziehbarer und objektiver Verfahren zu erfolgen. Die Behörde hat über einen Antrag binnen sechs Wochen zu entscheiden, sofern nicht auf Grund besonderer Umstände, wie der Unvollständigkeit der vom Antragsteller beizubringenden Unterlagen oder notwendiger zusätzlicher Erhebungen eine längere Entscheidungsfrist notwendig ist.

(2) Frequenzen sind zur Nutzung zuzuteilen, wenn sie

1. für die vorgesehene Nutzung im Frequenznutzungsplan ausgewiesen sind,

2. verfügbar sind und

3. die Verträglichkeit mit anderen Frequenznutzungen gegeben ist.

(3) Durch Verordnung hat der Bundesminister für Wissenschaft und Verkehr die näheren Bestimmungen über die Frequenznutzung und die Frequenzzuteilung, insbesondere über die für die Zuteilung erforderlichen Voraussetzungen festzulegen.

(4) Ergibt sich aus dem Frequenznutzungsplan und auf Grund der Marktgegebenheiten, dass für einzelne öffentliche Nutzungsarten ein Frequenzmangel besteht, so ist die Zuteilung zur Frequenznutzung unter sinngemäßer Anwendung der Bestimmungen der §§ 20 ff. vorzunehmen.

(5) In der Frequenzzuteilung sind Art und der Umfang der Frequenznutzung festzulegen, soweit dies für die möglichst effiziente und störungsfreie Nutzung der Frequenzen und die Verträglichkeit mit anderen Frequenznutzungen erforderlich ist. Dazu gehören jedenfalls der Standort, die Kanalbandbreite, das Modulationsverfahren, die Sendeleistung, die Feldstärkegrenzwerte und deren geographische und zeitliche Verteilung sowie Nutzungsbeschränkungen.

(6) Die Frequenzzuteilung lässt auf Grund anderer Rechtsvorschriften bestehende Verpflichtungen zur Einhaltung gesetzlicher, technischer oder betrieblicher Anforderungen unberührt.

(7) Die Zuteilung von Frequenzen für den Betrieb von Funkanlagen, die öffentlichen Zwecken dienen, hat bevorzugt zu erfolgen, soweit dies zur Besorgung der Aufgaben des Antragstellers notwendig ist.

(8) Bei der Zuteilung von Frequenzen für Richtfunkstrecken ist, sofern wegen Frequenzmangels nicht allen Anträgen stattgegeben werden kann, der Antragsteller zu bevorzugen, der auf dem relevanten Telekommunikationsmarkt nicht marktbeherrschend im Sinne des § 33 ist, es sei denn die beantragte Richtfunkstrecke ist in diesem Fall zur Erbringung des Universaldienstes unbedingt erforderlich.

(9) Durch die Zuteilung der Frequenzen wird keine Gewähr für die Qualität der Funkverbindung übernommen.

(10) Für Frequenzen, die im Frequenznutzungsplan für freizügige Nutzung vorgesehen sind, ist keine gesonderte Frequenzzuteilung zu beantragen, wenn die für den Betrieb eingesetzten Funksendeanlagen eine entsprechende Zulassung besitzen, oder generell zugelassen sind.

(11) Eine Frequenzzuteilung kann widerrufen werden, wenn die zugeteilte Frequenz nicht längstens innerhalb von sechs Monaten nach erfolgter Zuteilung im zugeteilten Sinn genutzt oder eine begonnene Nutzung für mehr als sechs Monate eingestellt wird.

(12) Die Zuteilung von Frequenzen, die zur Erbringung von öffentlichen Mobilkommunikationsdiensten vorgesehen sind, erfolgt durch eine Konzession gemäß dem Verfahren in §§ 20 ff.

(13) Alle Frequenzen dürfen nur befristet zugeteilt werden. Die Befristung hat sachlich und wirtschaftlich angemessen zu sein.

Änderung der Frequenznutzung

§ 50. (1) Die Art und der Umfang der Frequenznutzung können nachträglich geändert werden, wenn

1. nach der Zuteilung auf Grund einer erhöhten Nutzung des Frequenzspektrums schädliche Störungen der Frequenznutzung auftreten oder

2. auf Grund der Weiterentwicklung der Technik erhebliche Effizienzsteigerungen möglich sind.

Bei Vornahme solcher Änderungen sind die Verhältnismäßigkeit der Maßnahme und die wirtschaftlichen Auswirkungen für die Betroffenen zu berücksichtigen. Insbesondere ist zu gewährleisten, dass Richtfunkverbindungen, deren betriebliche Nutzung im öffentlichen Interesse ist, weiterhin ungestört betrieben werden können.

(2) Ändert sich infolge gestiegener Kommunikationsbedürfnisse eines Nutzers die Belegung der zugeteilten Frequenzen so nachhaltig, dass für andere Nutzer der gleichen Frequenz die bestimmungsmäßige Nutzung nicht mehr möglich ist, kann die Behörde demjenigen, dessen Funkbetrieb die Einschränkung verursacht hat, eine andere Frequenz zuteilen, soweit Abhilfe anderer Art nicht möglich ist. Gleiches gilt, wenn im Zusammenhang mit Erweiterungsanträgen für bestehende Funknetze andere Nutzer in der bestimmungsmäßigen Frequenznutzung eingeschränkt sind.

Frequenznutzungsgebühren

§ 51. (1) Für die Zuteilung und Nutzung von Frequenzen und für sonstige behördliche Handlungen im Zusammenhang mit der Frequenzzuteilung und Frequenzverwaltung sind vom Nutzer Gebühren zu entrichten. Diese dienen zur Abgeltung der Aufwendungen für die Verwaltung der Frequenzen, für die Planung, Koordinierung und Fortschreibung von Frequenznutzungen einschließlich der dazu notwendigen Messungen, Prüfungen und Verträglichkeitsuntersuchungen zur Gewährleistung einer effizienten und störungsfreien Frequenznutzung.

(2) Die Gebühren bestehen aus einer einmaligen Zuteilungsgebühr sowie einer jährlichen Nutzungsgebühr. Die Zuteilungsgebühr entfällt in den Fällen, in denen vom Inhaber einer Mobilfunkkonzession ein Frequenznutzungsentgelt geleistet wird (§ 21). Die Gebühren sind vom Bundesminister für Wissenschaft und Verkehr im Einvernehmen mit dem Bundesminister für Finanzen durch Verordnung festzulegen. Dabei ist insbesondere auf den Personal- und Sachaufwand zur Erreichung der im Abs. 1 genannten Ziele Bedacht zu nehmen. Es ist auch zu berücksichtigen, ob Frequenzen kommerziell genutzt werden.

7. Abschnitt

Adressierung- und Nummerierung

Begriffe

§ 52. In diesem Abschnitt bezeichnet der Begriff

1. „Adressierungselemente" Zeichen, Buchstaben, Ziffern und Signale zum gezielten Auswählen von Kommunikationsverbindungen;

2. „Adresse" die Gesamtheit aller Adressierungselemente, die zur Festlegung des Zieles einer Kommunikationsverbindung dienen;

3. „Nummern" Ziffernfolgen, die in Telekommunikationsnetzen Zwecken der Adressierung dienen;

4. „Adressierungsplan" die Gesamtzahl aller möglichen Kombinationen der Adressierungselemente, die zur eindeutigen Identifikation von Personen, Computerprozessen, Maschinen, Geräten oder Telekommunikationseinrichtungen dienen und an

einem fernmeldetechnischen Telekommunikationsvorgang beteiligt sind;

5. „Nummerierungsplan" die Gesamtheit aller möglichen Kombinationen der Adressierungselemente, die durch Ziffernfolgen eindeutig zur Identifikation von Personen, Computerprozessen, Maschinen, Geräten oder Telekommunikationseinrichtungen dienen und an einem fernmeldetechnischen Telekommunikationsvorgang beteiligt sind;

6. „Bereitsteller" Netzbetreiber oder Diensteanbieter, denen Adressierungselemente zur Nutzung zugeteilt sind;

7. „Nummernportabilität" die Möglichkeit des Teilnehmers den Diensteanbieter und den Ort unter Beibehaltung seiner Adresse zu ändern.

Ziel

§ 53. (1) Ziel der Adressierung ist die effiziente Strukturierung und Verwaltung des Adressraumes, um den Anforderungen von Bereitstellern, in fairer und nichtdiskriminierender Weise zu entsprechen.

(2) Damit dieses Ziel erreicht wird, hat der Bundesminister für Wissenschaft und Verkehr durch Verordnung Adressierungspläne zu erstellen und dabei auch die Bedingungen festzulegen, die zur Erlangung von Nutzungsrechten an Adressen zu erfüllen sind und ein Recht auf Zuteilung begründen.

Nummerierungspläne

§ 54. (1) Der Bundesminister für Wissenschaft und Verkehr hat bei der Erstellung der Nummerierungspläne, insbesondere bei deren Strukturierung, auf die relevanten internationalen Vorschriften, Bedacht zu nehmen. Durch geeignete Maßnahmen hat er die Verfügbarkeit einer genügenden Anzahl von Adressen sicherzustellen. Die Möglichkeit von neuen nationalen und internationalen Diensten sowie die Nummernportabilität ist in den Nummerierungsplänen nach Maßgabe der technischen Möglichkeiten zu gewährleisten.

(2) Die Gestaltung der Nummerierungspläne und der Regelungen über die Nummernzuteilung hat jedenfalls eine chancengleiche und gleichberechtigte Behandlung aller Anbieter öffentlicher Telekommunikationsdienste zu gewährleisten.

(3) Der Bundesminister für Wissenschaft und Verkehr hat sicherzustellen, dass die erforderlichen Vorarbeiten und Maßnahmen zur Einführung der Nummernportabilität bei Telefonnummern in der Form einer Netzbetreiberportabilität unverzüglich eingeleitet und so zügig vorangetrieben werden, dass Nummernportabilität zum frühestmöglichen Zeitpunkt, jedenfalls aber im Einklang mit dem von der Europäischen Union vorgegebenen Zeitplan in Österreich verfügbar ist, um den Wettbewerb auf einzelnen Märkten und die Interessen der Verbraucher nicht wesentlich zu behindern.

Nummerierungsplanänderungen

§ 55. (1) Der Bundesminister für Wissenschaft und Verkehr kann zur Umsetzung internationaler Verpflichtungen oder Empfehlungen sowie zur Sicherstellung der ausreichenden Verfügbarkeit von Adressierungselementen dem Stand der Technik entsprechend Änderungen vornehmen. Dabei sind die Auswirkungen auf die Betroffenen, insbesondere die entstehenden direkten und indirekten Umstellungskosten, zu berücksichtigen.

(2) Die von diesen Änderungen betroffenen Betreiber von Telekommunikationsnetzen und Anbieter von Telekommunikationsdiensten sind verpflichtet, die zur Umsetzung erforderlichen Maßnahmen auf ihre Kosten durchzuführen.

(3) Die teilweise oder vollständige Änderung der Nummerierungspläne oder der Regelungen über die Nummernzuteilung begründet keinerlei Anspruch auf Entschädigung.

Netzbetreiberauswahl

§ 56. Bei der Gestaltung der Nummerierungspläne ist sicherzustellen, dass die Nutzer von öffentlichen Telekommunikationsnetzen Verbindungsnetzbetreiber frei wählen können.

Nummernverwaltung und Nummernzuteilung

§ 57. (1) Die Regulierungsbehörde ist zuständig für die effiziente Verwaltung der Nummerierungspläne, insbesondere für die Erfassung der Nutzung und für die Zuteilung von Adressierungselementen an Bereitsteller. Diesen kann das Recht gewährt werden, untergeordnete Elemente selbständig zu verwalten.

(2) Die Regulierungsbehörde hat über Antrag Adressierungselemente an Anbieter von Telekommunikationsdiensten zur Nutzung zuzuteilen. Die Zuteilung hat auf objektive, nicht diskriminierende und nachvollziehbare Weise zu erfolgen, insbesondere ist auf die Grundsätze der Chancengleichheit zu achten. Bereitstellern von Adressierungselementen kann das Recht gewährt werden, untergeordnete Adressierungselemente selbständig zuzuteilen.

Auskunftspflicht

§ 58. Die Bereitsteller von Adressierungselementen sind verpflichtet, der Regulierungsbehörde die zur

Verwaltung der zugeteilten Adressierungselemente notwendigen Auskünfte zu erteilen.

Nutzung

§ 59. Aus der Zuteilung von Adressierungselementen an einen Bereitsteller kann kein Besitzrecht auf bestimmte Adressierungselemente erwachsen. Der Bereitsteller von Adressierungselementen hat ausschließlich das Recht zur Nutzung bestimmter Elemente.

Nutzungsentgelt

§ 60. (1) Für jede mögliche Adresse - innerhalb der einem Bereitsteller zugewiesenen Adressierungselemente - ist ein Entgelt zu entrichten. Die Höhe des Entgeltes für jede mögliche Adresse ist vom Bundesminister für Wissenschaft und Verkehr im Einvernehmen mit dem Bundesminister für Finanzen durch Verordnung festzulegen. Dabei ist insbesondere auf den wirtschaftlichen Nutzen durch die Zuteilung sowie auf den für die Verwaltung und Zuteilung erforderlichen Personal- und Sachaufwand Bedacht zu nehmen.

(2) Wird durch ein über Antrag zugewiesenes Adressierungselement die Nutzung darauf aufbauender Adressierungselemente verhindert, so hat der Bereitsteller für die entgangene Nutzungsmöglichkeit der weiteren Adressierungselemente ein Entgelt zu leisten. Auch die Höhe dieses Entgelts ist in einer Verordnung gemäß Abs. 1 festzulegen.

(3) Die Absätze 1 und 2 gelten auch für jene Fälle, in denen zum Zeitpunkt des Inkrafttretens des Nummerierungsplanes Adressierungselemente auch ohne Zuweisung benützt oder vorrätig gehalten werden.

Adressierungspläne

§ 61. Der Bundesminister für Wissenschaft und Verkehr kann durch Verordnung Adressierungspläne erstellen, wenn dies im Hinblick auf den freien und geordneten Zugang zu den Netzen und Diensten oder zwecks Erfüllung internationaler Verpflichtungen notwendig ist.

8. Abschnitt

Schutz der Nutzer

Rechte der Nutzer

§ 62. Jedermann ist berechtigt, öffentliche Telekommunikationsdienste einschließlich den Universaldienst und besondere Versorgungsaufgaben unter den Bedingungen der veröffentlichten allgemeinen Geschäftsbedingungen und Entgelte in Anspruch zu nehmen.

Zahlungsverzug

§ 63. Der Betreiber eines öffentlichen Telekommunikationsdienstes darf im Falle des Zahlungsverzugs eines Teilnehmers eine Diensteunterbrechung oder -abschaltung nur dann vornehmen, wenn er den Teilnehmer zuvor unter Androhung der Diensteunterbrechung oder -abschaltung und unter Setzung einer Nachfrist von mindestens zwei Wochen erfolglos gemahnt hat. Eine Abschaltung oder Unterbrechung von Leistungen des Universaldienstes im Sinne des § 24 Abs. 2 Z 1 bis 3 darf nicht erfolgen, wenn der Teilnehmer ausschließlich mit Verpflichtungen aus anderen Vertragsverhältnissen mit dem Betreiber säumig ist.

Überprüfung der Entgelte

§ 64. (1) Bezweifelt ein Teilnehmer die Richtigkeit des ihm mit Rechnung vorgeschriebenen Betrages, so hat der Erbringer des Telekommunikationsdienstes auf schriftlichen Antrag alle der Ermittlung dieses Betrages zugrundegelegten Faktoren zu überprüfen und anhand des Ergebnisses dieser Überprüfung die Richtigkeit der Rechnung zu bestätigen oder die Rechnung entsprechend zu ändern.

(2) Wird die Regulierungsbehörde als Schlichtungsstelle angerufen (§ 66), so wird ab diesem Zeitpunkt die Fälligkeit des in Rechnung gestellten Betrages bis zur Streitbeilegung aufgeschoben. Unabhängig davon kann aber ein Betrag, der dem Durchschnitt der letzten drei Rechnungsbeträge entspricht, auch sofort fällig gestellt werden. Zu viel eingehobene Beträge sind samt den gesetzlichen Zinsen ab Inkassotag zu erstatten.

(3) Für den Fall, dass ein Fehler festgestellt wird, der sich zum Nachteil des Teilnehmers ausgewirkt haben könnte und sich das richtige Entgelt nicht ermitteln lässt, ist in den allgemeinen Geschäftsbedingungen eine auf dem durchschnittlichen Ausmaß der Inanspruchnahme dieses Telekommunikationsdienstes durch den Teilnehmer basierende Pauschalabgeltung festzusetzen.

Abschaltung aus anderen Gründen

§ 65. (1) Unabhängig von der Einleitung eines Verwaltungsstrafverfahrens kann der Betreiber eines öffentlichen Telekommunikationsnetzes oder -dienstes einen Teilnehmer dazu auffordern, störende oder nicht zugelassene Endeinrichtungen unverzüglich vom Netzabschlusspunkt zu entfernen.

(2) Kommt der Teilnehmer der Aufforderung nicht nach und ist eine Beeinträchtigung anderer Nutzer des Netzes oder Dienstes oder eine Gefährdung von Personen gegeben, kann der Betreiber den Anschluss vom Netz oder Dienst abtrennen.

(3) Erhebt der Teilnehmer jedoch nach Erhalt der Aufforderung (Abs. 1) Einspruch und ist eine Beeinträchtigung oder Gefährdung wie in Abs. 2 nicht gegeben, darf der Betreiber den Anschluss zunächst nicht vom Dienst oder Netz abtrennen, sondern muss die Regulierungsbehörde zur Entscheidung anrufen.

Streitschlichtung

§ 66. Jede Partei, einschließlich Nutzer, Diensteanbieter, Verbraucher- und andere Organisationen, hat das Recht, bei Streitigkeiten mit einem Betreiber eines öffentlichen Telekommunikationsnetzes oder eines öffentlichen Telekommunikationsdienstes über eine behauptete Verletzung dieses Gesetzes, insbesondere jene, die sich auf die Bestimmungen der Richtlinie zur Einführung des offenen Netzzuganges ONP (ONP-Streitschlichtungsverfahren) und der darauf aufbauenden Folgerichtlinien beziehen, die Regulierungsbehörde anzurufen. Diese hat innerhalb von sechs Wochen eine einvernehmliche Lösung herbeizuführen oder den Parteien ihre Ansicht zum herangetragenen Fall mitzuteilen. Die Netzbetreiber und Diensteanbieter sind verpflichtet, an einem solchen Verfahren mitzuwirken und alle zur Beurteilung der Sachlage erforderlichen Auskünfte zu erteilen sowie Unterlagen vorzulegen. Die Möglichkeit, den ordentlichen Rechtsweg zu beschreiten, bleibt unberührt.

9. Abschnitt

Funkanlagen und Endgeräte

Technische Anforderungen

§ 67. (1) Funkanlagen und Endgeräte müssen in ihrem Aufbau und ihrer Funktionsweise den anerkannten Regeln der Technik und den nach den internationalen Vorschriften zu fordernden Voraussetzungen entsprechen.

(2) Bei der Errichtung und dem Betrieb von Funkanlagen und Endgeräten müssen der Schutz des Lebens und der Gesundheit von Menschen sowie der ungestörte Betrieb anderer Funkanlagen und Endgeräte gewährleistet sein. Bei der Gestaltung von Funkanlagen und Endgeräten ist unter Beachtung der wirtschaftlichen Zumutbarkeit auch auf die Erfordernisse des Umweltschutzes, insbesondere auch im Hinblick auf eine fachgerechte Entsorgung, Bedacht zu nehmen.

(3) Durch Verordnung kann der Bundesminister für Wissenschaft und Verkehr dem jeweiligen Stand der Technik entsprechend die näheren Bestimmungen und technischen Voraussetzungen für Funkanlagen und Endgeräte festsetzen, insbesondere für

1. die Typenzulassung von Funkanlagen,

2. die Zulassung von Endgeräten und

3. den Betrieb von Funkanlagen auf fremden Schiffen, Luftfahrzeugen und anderen Verkehrsmitteln, die sich im österreichischen Hoheitsgebiet aufhalten.

(4) Anstelle der im Abs. 3 angeführten Verordnungsbestimmungen können auch einschlägige ÖNORMEN oder ÖVE-Bestimmungen durch Verordnung für verbindlich erklärt werden.

(5) Die Verordnungen nach Abs. 3 können den Hinweis auf Unterlagen mit technischen Inhalten, insbesondere mit Mess- und Prüfmethoden enthalten, welche beim Bundesministerium für Wissenschaft und Verkehr, bei der Regulierungsbehörde und beim Zulassungsbüro während der Amtsstunden zur Einsicht aufliegen.

Bewilligungspflicht für Funkanlagen

§ 68. (1) Die Errichtung und der Betrieb einer Funkanlage ist grundsätzlich nur mit einer Bewilligung zulässig. Die Bewilligung ist zu erteilen, wenn kein Grund für eine Ablehnung vorliegt.

(2) Soweit dies mit dem Interesse an einem ordnungsgemäßen und störungsfreien Fernmeldeverkehr vereinbar ist, kann der Bundesminister für Wissenschaft und Verkehr die Errichtung und den Betrieb von Funkanlagen sowie die Einfuhr, den Vertrieb und den Besitz von Funksendeanlagen auch allgemein für bestimmte Geräteartenoder Gerätetypen mit Verordnung generell für bewilligt erklären.

Funkanlagen

§ 69. (1) Satellitenfunkanlagen im Sinne der Richtlinie 93/97/EWG des Rates, gelten als Funkanlagen im Sinne dieses Gesetzes. Sind sie als Endgeräte gekennzeichnet, unterliegen sie den Vorschriften über Endgeräte.

(2) Telekommunikationseinrichtungen, für die eine individuelle Frequenzzuteilung erforderlich ist, gelten als Funkanlagen im Sinne dieses Gesetzes.

Einfuhr, Vertrieb, Besitz

§ 70. (1) Die Einfuhr, der Vertrieb und der Besitz von Funksendeanlagen ist nur mit einer Bewilligung zulässig. Eine Bewilligung zum Vertrieb berechtigt auch zur Einfuhr und zum Besitz; eine Bewilligung zur Einfuhr berechtigt auch zum Besitz. Die Verwahrung gilt als Besitz. Als Endgeräte zugelassene und entsprechend gekennzeichnete Funksendeanlagen bedürfen keiner derartigen Bewilligung.

(2) Die Bewilligung nach Abs. 1 ist zu erteilen, wenn Grund zur Annahme besteht, dass die technischen Anforderungen gemäß § 67 erfüllt werden, insbesondere wenn Störungen anderer Funkanlagen nicht zu erwarten sind und sonst kein Grund für eine Ablehnung gemäß § 80 vorliegt.

(3) Für Funkanlagen, welche die technischen Anforderungen gemäß § 67 nicht oder nicht ganz erfüllen, ist eine Bewilligung zur Einfuhr zu erteilen, wenn diese nur vorübergehend zum Zwecke der Ausfuhr eingeführt werden. Die Bewilligung ist auf drei Monate zu befristen; die Ausfuhr ist der Behörde nachzuweisen.

(4) Die Einfuhr, der Vertrieb und der Besitz von Funkempfangsanlagen ist grundsätzlich bewilligungsfrei.

(5) Durch Verordnung kann der Bundesminister für Wissenschaft und Verkehr die Einfuhr, den Vertrieb und den Besitz von Funkempfangsanlagen verbieten oder für bewilligungspflichtig erklären, wenn deren Verwendung eine Gefährdung der öffentlichen Sicherheit bewirken kann oder sonst der Erfüllung behördlicher Aufgaben entgegensteht.

Typenzulassung von Funkanlagen

§ 71. (1) Über Antrag hat das Zulassungsbüro festzustellen, ob eine Funkanlage den technischen Anforderungen gemäß § 67 entspricht (Typenzulassung). Die Typenzulassung ist zu erteilen, wenn die Funkanlage die technischen Anforderungen erfüllt.

(2) Eine Zulassung ist nicht erforderlich, wenn nach den für die Republik Österreich verbindlichen internationalen Vorschriften auf Grund eines dort beschriebenen Verfahrens

1. eine international anzuerkennende Zulassung einer ausländischen Stelle vorliegt und

2. die Funkanlage vorschriftsmäßig gekennzeichnet ist.

Solche Geräte gelten als gemäß Abs. 1 zugelassen.

(3) Durch Verordnung hat der Bundesminister für Wissenschaft und Verkehr unter Bedachtnahme auf die verbindlichen internationalen Vorschriften die näheren Bestimmungen über die Kennzeichnung der Funkanlagen zu erlassen.

Zulassung und Typenzulassung von Endgeräten

§ 72. (1) Über Antrag hat das Zulassungsbüro festzustellen, ob ein Endgerät den technischen Anforderungen gemäß § 67 entspricht und zur Verbindung mit einem öffentlichen Telekommunikationsnetz geeignet ist (Einzelzulassung oder Typenzulassung). Die Zulassung ist zu erteilen, wenn das Endgerät die technischen Anforderungen erfüllt, sodass durch die Verbindung dieses Endgerätes und seinen zweckentsprechenden Betrieb eine Beeinträchtigung des ordnungsgemäßen Telekommunikationsverkehrs, insbesondere infolge von Störungen von Telekommunikationsnetzen, von Funkanlagen oder von anderen Endgeräten durch dieses Endgerät oder umgekehrt nicht zu erwarten ist.

(2) Eine Zulassung ist nicht erforderlich, wenn nach den für die Republik Österreich verbindlichen internationalen Vorschriften auf Grund eines dort beschriebenen Konformitätsbewertungsverfahrens oder nach den österreichischen Vorschriften über eine Konformitätserklärung des Herstellers

1. eine international anzuerkennende Zulassung (Konformitätsbescheinigung) einer ausländischen Stelle oder

2. eine Konformitätserklärung des Herstellers vorliegt und das Gerät vorschriftsmäßig gekennzeichnet ist.

Solche Geräte gelten als gemäß Abs. 1 zugelassen.

(3) Durch Verordnung sind vom Bundesminister für Wissenschaft und Verkehr unter Bedachtnahme auf die verbindlichen internationalen Vorschriften die näheren Bestimmungen über die international anzuerkennenden Konformitätsbewertungsverfahren (Zertifizierung, Baumusterprüfung u. dgl.), die nationale Konformitätserklärung des Herstellers, die Kennzeichnung der Geräte, die Produktkontrollen und die Überwachungsaufgaben zu erlassen. Sofern es sich um international verbindliche Vorschriften handelt, hat er eine solche Verordnung zu erlassen.

Kennzeichnung

§ 73. (1) Die vorgeschriebene Kennzeichnung von Funkanlagen und Endgeräten darf nur vom Berechtigten angebracht werden. Die Kennzeichnung darf nur an Geräten angebracht werden, die mit der zugelassenen Type übereinstimmen. Die Kennzeichen gelten als öffentliche Urkunden.

(2) Durch Verordnung hat der Bundesminister für Wissenschaft und Verkehr das Aussehen dieser Kennzeichen festzulegen.

(3) Sind Funkanlagen oder Endgeräte gemäß einer auf Grund der §§ 71 Abs. 3, 72 Abs. 3 oder 73 Abs. 2 erlassenen Verordnung gekennzeichnet, ohne dass dazu die Voraussetzungen gemäß Abs. 1 vorliegen, so hat die Regulierungsbehörde das Inverkehrbringen und den freien Warenverkehr mit diesen Geräten nach Maßgabe der Bestimmungen der einschlä-

gigen Richtlinien des Rates zu untersagen und deren Kennzeichnung auf Kosten des Herstellers oder Lieferanten zu entwerten oder zu beseitigen. Dies gilt auch, wenn Funkanlagen oder Endgeräte mit Zeichen gekennzeichnet sind, die mit der durch eine der genannten Verordnungen vorgeschriebenen Kennzeichnung verwechselt werden können.

(4) Durch Verordnung hat der Bundesminister für Wissenschaft und Verkehr die näheren Bestimmungen über das Verfahren zur Untersagung gemäß Abs. 3 festzulegen. Dabei hat er auf die verbindlichen internationalen Vorschriften Bedacht zu nehmen.

Nicht für den Anschluss an ein öffentliches Netz bestimmte Einrichtungen und Satellitenfunkanlagen

§ 74. Einrichtungen und Satellitenfunkanlagen, die für den Anschluss an ein öffentliches Telekommunikationsnetz geeignet, jedoch nicht dafür vorgesehen sind, dürfen an ein öffentliches Telekommunikationsnetz nicht angeschlossen werden. Sie dürfen nur dann in Verkehr gebracht werden, wenn sie entsprechend den verbindlichen internationalen Normen gekennzeichnet sind und wenn eine ausdrückliche Erklärung des Herstellers über den Verwendungszweck sowie die Gebrauchsanweisung beigegeben ist.

Verwendung

§ 75. (1) Funkanlagen und Endgeräte dürfen nicht missbräuchlich verwendet werden. Als missbräuchliche Verwendung gilt:

1. jede Nachrichtenübermittlung, welche die öffentliche Ordnung und Sicherheit oder die Sittlichkeit gefährdet oder welche gegen die Gesetze verstößt;

2. jede grobe Belästigung oder Verängstigung anderer Benützer;

3. jede Verletzung der nach diesem Gesetz und den internationalen Verträgen bestehenden Geheimhaltungspflicht und

4. jede Nachrichtenübermittlung, die nicht dem bewilligten Zweck einer Funkanlage entspricht.

(2) Inhaber von Funkanlagen und Endgeräten haben, soweit ihnen dies zumutbar ist, geeignete Maßnahmen zu treffen, um eine missbräuchliche Verwendung auszuschließen. Diensteanbieter, welche lediglich den Zugang zu Telekommunikationsdiensten vermitteln, gelten nicht als Inhaber.

(3) Funkanlagen dürfen nur für den bewilligten Zweck sowie an den in der Bewilligung angegebenen Standorten, bewegliche Anlagen nur in dem in der Bewilligung angegebenen Einsatzgebiet betrieben werden.

(4) Funksendeanlagen dürfen nur unter Verwendung der mit der Bewilligung zugeteilten Frequenzen und Rufzeichen betrieben werden.

(5) Endgeräte dürfen nur so betrieben werden, dass keine Störungen eines öffentlichen Telekommunikationsnetzes erfolgen.

(6) Nicht zugelassene oder nicht entsprechend gekennzeichnete Endgeräte dürfen weder mit einem öffentlichen Telekommunikationsnetz verbunden noch in Verbindung mit diesem betrieben werden.

10. Abschnitt

Verfahren, Gebühren

Verfahren bei der Zulassung und Typenzulassung

§ 76. (1) Einen Antrag auf Zulassung einer Type einer Funkanlage oder eines Endgerätes darf nur der Hersteller oder sein Bevollmächtigter stellen. Ein Antragsteller mit Unternehmenssitz außerhalb des Europäischen Wirtschaftsraumes darf den Antrag nur durch eine Person stellen, die im Europäischen Wirtschaftsraum ihren Hauptwohnsitz hat; dies gilt auch bei Anträgen auf Zulassung eines einzelnen Endgerätes.

(2) Anträge gemäß Abs. 1 sind schriftlich einzubringen. Ein Antrag auf Zulassung einer Type ist nur zulässig, wenn die Funkanlage oder das Endgerät ein Typenschild mit dem Namen des Herstellers oder seines Bevollmächtigten und die von diesem gewählte Gerätebezeichnung (Typenbezeichnung) trägt.

(3) Anträgen gemäß Abs. 1 ist ein Gutachten einer anerkannten inländischen oder akkreditierten ausländischen Prüfstelle zum Nachweis der Einhaltung der technischen Anforderungen gemäß § 67 anzuschließen. Liegt eine ausländische Zulassung vor, ist lediglich ein ergänzendes Gutachten zum Nachweis der durch diese Zulassung nicht erfassten technischen Anforderungen anzuschließen. Darüber hinaus kann das Zulassungsbüro die Vorlage weiterer Unterlagen, wie Beschreibungen und Schaltpläne und die Vorlage eines Baumusters auf Kosten des Antragstellers verlangen, wenn dies zur Entscheidung über den Antrag erforderlich ist.

(4) Eine Funkanlage oder ein Endgerät gehört dann zu der zugelassenen Type, wenn sie nach den bei der Überprüfung vorgelegenen Beschreibungen und Schaltplänen gebaut ist und wenn ihre Bezeichnung

auf dem Typenschild mit der Bezeichnung der überprüften Type übereinstimmt.

(5) § 78 Abs. 6 und 7 gilt auch bei Zulassungen und Typenzulassungen.

Widerruf einer Zulassung und Typenzulassung

§ 77. Die Zulassung ist zu widerrufen, wenn ein Verfahren zur Untersagung gemäß § 73 Abs. 3 rechtskräftig abgeschlossen und eine Untersagung ausgesprochen worden ist. Vom Ergebnis dieses Verfahrens hängt es ab, ob die Zulassung für ein einzelnes Gerät oder für die gesamte Type zu widerrufen ist.

Bewilligungsverfahren

§ 78. (1) Anträge gemäß §§ 68 und 70 sind schriftlich einzubringen. Der Antrag hat jedenfalls zu enthalten:

1. Name und Anschrift des Antragstellers,

2. Angaben über den Verwendungszweck der Funkanlage und

3. Angaben über die Funktionsweise der Funkanlage.

Dem Antrag sind Unterlagen zum Nachweis der Einhaltung der technischen Vorschriften anzuschließen.

(2) Über einen Antrag gemäß § 78 hat das Fernmeldebüro zu entscheiden, in dessen örtlichem Wirkungsbereich die Funkanlage betrieben werden soll.

(3) Soll eine Funkanlage im örtlichen Wirkungsbereich zweier oder mehrerer Fernmeldebüros errichtet oder betrieben werden, so ist das Fernmeldebüro zuständig, in dessen örtlichem Wirkungsbereich der Antragsteller seinen Hauptwohnsitz hat.

(4) Die Zuteilung von Frequenzen hat gemäß § 49 zu erfolgen.

(5) Bescheide gemäß § 68 sind auf höchstens zehn Jahre befristet zu erteilen.

(6) Bescheide gemäß §§ 68, 69, 70 und 71 können Nebenbestimmungen enthalten. Mit Bedingungen und Auflagen können Verpflichtungen auferlegt werden, deren Einhaltung nach den Umständen des Falles für den Schutz des Lebens oder der Gesundheit von Menschen, zur Vermeidung von Sachschäden, zur Einhaltung internationaler Vereinbarungen, zur Sicherung des ungestörten Betriebes anderer Fernmeldeanlagen oder aus sonstigen technischen oder betrieblichen Belangen geboten erscheint.

(7) Über Antrag des Inhabers einer Bewilligung ist diese im bestehenden Umfang von der Behörde auf eine andere Person oder Institution zu übertragen, wenn kein Grund für eine Ablehnung oder einen Widerruf vorliegt.

Gebühren

§ 79. (1) Für Bewilligungen und Zulassungen nach diesem Bundesgesetz sind Gebühren zu entrichten.

(2) Die Gebühren für die nach diesem Bundesgesetz durchzuführenden Verwaltungsverfahren und für die nach diesem Bundesgesetz zu erteilenden Bewilligungen und Zulassungen sind vom Bundesminister für Wissenschaft und Verkehr im Einvernehmen mit dem Bundesminister für Finanzen durch Verordnung festzulegen. Dabei ist auf den zur Erreichung der genannten Ziele verbundenen Personal- und Sachaufwand Bedacht zu nehmen.

(3) Hat jemand durch eine widerrechtliche Handlung Gebühren entzogen, so hat das Fernmeldebüro, ungeachtet der wegen der widerrechtlichen Handlung verhängten Strafe, dem Schuldigen die entzogene Gebühr innerhalb der Verjährungsfrist nach den im Zeitpunkt der Feststellung der widerrechtlichen Handlung geltenden Sätzen vorzuschreiben.

(4) Rückständige Gebühren können durch Rückstandsausweise eingetrieben werden.

Ablehnung

§ 80. Der Antrag auf Bewilligung zur Errichtung und zum Betrieb einer Funkanlage ist zu erteilen, ausgenommen wenn

1. die Anlage den technischen Anforderungen nach § 67 nicht entspricht, insbesondere wenn Störungen anderer Funkanlagen zu erwarten sind;

2. die beantragten Frequenzen im vorgesehenen Einsatzgebiet nicht zur Verfügung stehen oder wegen betrieblicher Belange, wie Nutzung des Frequenzspektrums, nicht zugeteilt werden können;

3. die erforderlichen Frequenzen im Interesse des wirtschaftlichen Ausbaues und störungsfreien Betriebes öffentlichen Zwecken dienender Funkanlagen nicht zugeteilt werden können;

4. seit einem Widerruf gemäß § 82 Abs. 3 nicht mindestens sechs Monate verstrichen sind;

5. durch die Inbetriebnahme eine Gefährdung der öffentlichen Sicherheit zu befürchten ist;

6. durch die Inbetriebnahme die Erfüllung behördlicher Aufgaben behindert wird oder

7. eine effiziente Nutzung des Funkfrequenzspektrums nicht gegeben ist.

Nachträgliche Änderungen der Bewilligung

§ 81. (1) Soweit davon Bestimmungen der Bewilligung betroffen sind, bedarf

1. jede Standortänderung,

2. jede Verwendung außerhalb des in der Bewilligung angegebenen Einsatzgebietes im Fall von beweglichen Anlagen sowie

3. jede technische Änderung der Anlage der vorherigen Bewilligung durch das zuständige Fernmeldebüro.

(2) Das Fernmeldebüro kann erteilte Bewilligungen im öffentlichen Interesse ändern, wenn dies aus wichtigen Gründen

1. zur Sicherheit des öffentlichen Telekommunikationsverkehrs,

2. aus technischen oder betrieblichen Belangen,

3. aus internationalen Gegebenheiten, insbesondere aus der Fortentwicklung des internationalen Fernmeldevertragsrechtes oder

4. zur Anpassung auf Grund internationaler Gegebenheiten geänderter Frequenznutzungen notwendig ist. Dabei ist unter möglichster Schonung der wirtschaftlichen und betrieblichen Interessen des Bewilligungsinhabers vorzugehen.

(3) Der Inhaber der Bewilligung hat jeder gemäß Abs. 2 angeordneten Änderung in angemessener Frist auf seine Kosten nachzukommen. Eine derartige Verfügung begründet keinen Anspruch auf Entschädigung. Ansprüche nach dem Amtshaftungsgesetz bleiben davon unberührt.

Erlöschen der Bewilligung

§ 82. (1) Die Bewilligung erlischt

1. durch Ablauf der Zeit, für die sie erteilt wurde;

2. durch Verzicht seitens des Bewilligungsinhabers;

3. durch Widerruf;

4. durch Tod oder Erlöschen der Rechtspersönlichkeit des Bewilligungsinhabers.

(2) Die Bewilligung zur Errichtung und zum Betrieb einer Funkanlage erlischt ferner nach zwölf Monaten vom Tage der Bewilligungserteilung an gerechnet, wenn die Anlage zu diesem Zeitpunkt in wesentlichen Teilen noch nicht bertriebsbereit ist. Bei Anlagen, die umfangreichere Herstellungsarbeiten erfordern, kann die Frist auf bis zu drei Jahre erstreckt werden.

(3) Der Widerruf ist von dem Fernmeldebüro, welches die Bewilligung erteilt hat, auszusprechen, wenn

1. in den technischen Anforderungen nach § 67 wesentliche Änderungen erfolgt sind und der Bewilligungsinhaber trotz Auftrags Änderungen nicht durchgeführt hat;

2. dies zur Sicherung des ungestörten Betriebes eines öffentlichen Telekommunikationsnetzes notwendig ist;

3. der Bewilligungsinhaber gegen die Bestimmungen dieses Gesetzes oder gegen die auf Grund der Bewilligung zu erfüllenden Auflagen oder Bedingungen grob oder wiederholt verstoßen hat;

4. die Voraussetzungen für die Erteilung der Bewilligung weggefallen sind;

5. die Anlagen nicht oder nicht entsprechend dem bewilligten Verwendungszweck betrieben werden oder

6. die Anlagen nicht mit den bewilligten technischen Merkmalen betrieben werden und der Bewilligungsinhaber trotz Auftrags Änderungen nicht durchgeführt hat.

(4) Eine Frequenzzuteilung kann aus den in § 49 Abs. 10 genannten Gründen widerrufen werden.

(5) Der Widerruf begründet keinen Anspruch auf Entschädigung.

(6) Widerruf und Verzicht sind an keine Frist gebunden. Die Verzichtserklärung hat schriftlich bei dem Fernmeldebüro zu erfolgen, das die Bewilligung erteilt hat.

(7) Bei Tod des Inhabers einer Bewilligung, die für gewerbliche Zwecke benützt wird, kann die Verlassenschaft dieses Recht bis zur Einantwortung in Anspruch nehmen; der Vertreter der Verlassenschaft hat dies jedoch ohne unnötigen Aufschub dem örtlich zuständigen Fernmeldebüro anzuzeigen.

(8) Bei Erlöschen der Bewilligung ist die Anlage außer Betrieb zu setzen und in angemessener Frist abzutragen. Der weitere Verbleib von Funksendeanlagen ist dem Fernmeldebüro anzuzeigen.

11. Abschnitt

Aufsichtsrechte

Umfang

§ 83. (1) Telekommunikationsdienste unterliegen der Aufsicht der Regulierungsbehörde. Sie kann sich dazu der Organe der Fernmeldebehörden bedienen.

(2) Konzessionsinhaber und andere Betreiber von Telekommunikationsdiensten sind verpflichtet, dem Bundesminister für Wissenschaft und Verkehr und der Regulierungsbehörde auf Verlangen die Auskünfte zu erteilen, die für den Vollzug dieses Gesetzes und der relevanten internationalen Vorschriften notwendig sind.

(3) Die Regulierungsbehörde kann Anordnungen zur Durchführung der ihr auf Grund internationaler Vorschriften und auf Grund dieses Gesetzes zukommende Rechte und Pflichten treffen. Diese Anordnungen sind zu befolgen.

(4) Die Organe der Fernmeldebüros und des Zulassungsbüros haben der Regulierungsbehörde über Ersuchen im Rahmen ihres Aufgabenbereiches Hilfe zu leisten, insbesondere in fernmeldetechnischen Fragen.

(5) Telekommunikationsanlagen unterliegen der Aufsicht der Fernmeldebehörden. Als Telekommunikationsanlagen im Sinne dieses Abschnittes gelten alle Anlagen und Geräte zur Abwicklung von Telekommunikation, wie insbesondere Telekommunikationsnetze, Kabel-TV-Netze, Funkanlagen und Endgeräte.

(6) Die Fernmeldebehörden sind berechtigt, Telekommunikationsanlagen, insbesondere Funkanlagen und Endgeräte, oder deren Teile hinsichtlich der Einhaltung der Bestimmungen dieses Gesetzes und der auf Grund dieses Gesetzes erlassenen Verordnungen und Bescheide zu überprüfen. Den Organen der Fernmeldebüros, die sich gehörig ausweisen, ist zu diesem Zweck das Betreten der Grundstücke oder Räume, in denen sich solche Anlagen befinden oder dies zu vermuten ist, zu gestatten. Ihnen sind alle erforderlichen Auskünfte über die Anlagen und deren Betrieb zu geben. Bewilligungs- und Konzessionsurkunden sind auf Verlangen vorzuweisen.

(7) Wenn es die Prüfung von Funkanlagen erfordert, sind diese auf Verlangen des Fernmeldebüros vom Bewilligungsinhaber auf seine Kosten an dem dafür bestimmten Ort und zu dem dafür bestimmten Zeitpunkt zur Prüfung bereitzustellen. Funkanlagen können auf Kosten des Bewilligungsinhabers auch an Ort und Stelle geprüft werden, wenn dies wegen der Größe oder technischen Gestaltung der Anlage oder des finanziellen Aufwandes zweckmäßig ist.

Durchsuchung

§ 84. (1) Besteht der dringende Verdacht, dass durch eine unbefugt errichtete oder betriebene Funksendeanlage Personen gefährdet oder Sachen beschädigt werden können oder ist dies zur Durchsetzung der sich aus internationalen Verträgen ergebenden Verpflichtungen erforderlich, so können von den Fernmeldebehörden Grundstücks-, Haus-, Personen- und Fahrzeugdurchsuchungen angeordnet und bei Gefahr im Verzug auch von ihren Organen aus eigener Macht vorgenommen werden.

(2) Die Durchsuchung ist unter größtmöglicher Schonung der anwesenden Personen und Sachen durchzuführen. Es ist besonders darauf zu achten, dass Eingriffe in die Rechtssphäre des Betroffenen die Verhältnismäßigkeit im Sinne des § 29 Sicherheitspolizeigesetz wahren. Die Bestimmungen der §§ 141 Abs. 3 und 142 Abs. 1, 2 und 4 StPO gelten sinngemäß, es sei denn, es würde der Zweck der Maßnahme dadurch vereitelt.

(3) Über Hergang und Ergebnis der Durchsuchung hat das Organ an Ort und Stelle eine kurz gefasste Niederschrift zu verfassen. Eine Ausfertigung ist der durchsuchten Person zu übergeben oder am Ort der Durchsuchung zurückzulassen.

Aufsichtsmaßnahmen

§ 85. (1) Bei Störungen einer Telekommunikationsanlage (§ 83 Abs. 2) durch eine andere Telekommunikationsanlage können die Fernmeldebüros jene Maßnahmen anordnen und in Vollzug setzen, die zum Schutz der gestörten Anlage notwendig und nach den jeweiligen Umständen und unter Vermeidung überflüssiger Kosten für die in Betracht kommenden Anlagen am zweckmäßigsten sind.

(2) Unbefugt errichtete und betriebene Telekommunikationsanlagen können ohne vorherige Androhung außer Betrieb gesetzt werden. Für sonst entgegen den Bestimmungen dieses Gesetzes errichtete oder betriebene Telekommunikationsanlagen gilt dies nur, wenn es zur Sicherung oder Wiederherstellung eines ungestörten Telekommunikationsverkehrs erforderlich ist.

Einstellung des Betriebes

§ 86. (1) Der Bundesminister für Wissenschaft und Verkehr kann zur Aufrechterhaltung der öffentlichen Ruhe, Sicherheit und Ordnung den Betrieb von Telekommunikationsanlagen (§ 83 Abs. 2) ganz oder teilweise oder für bestimmte Arten von Anlagen auf bestimmte oder unbestimmte Zeit einstellen und die Benützung bestimmter Anlagen zeitweisen Beschränkungen unterwerfen.

(2) Bei einer Verfügung nach Abs. 1 ist unter Schonung der wirtschaftlichen und betrieblichen Interessen des Betreibers vorzugehen; sie begründet keinen Anspruch auf Entschädigung.

12. Abschnitt

Fernmeldegeheimnis, Datenschutz

Allgemeines

§ 87. (1) Soweit dieses Bundesgesetz nicht anderes bestimmt, sind auf die in diesem Bundesgesetz geregelten Sachverhalte die Bestimmungen des Datenschutzgesetzes, BGBl. Nr. 565/1978, anzuwenden.

(2) Die Bestimmungen der Strafprozessordnung bleiben durch die Bestimmungen dieses Abschnittes unberührt.

(3) In diesem Abschnitt bezeichnet der Begriff

1. „Betreiber" Anbieter von öffentlichen Telekommunikationsdiensten im Sinne des 3. Abschnittes;

2. „Teilnehmer" eine natürliche oder juristische Person, die mit einem Anbieter eines öffentlichen Telekommunikationsdienstes einen Vertrag über die Inanspruchnahme dieser Dienste geschlossen hat;

3. „Benutzer" eine natürliche Person, die einen öffentlichen Telekommunikationsdienst für private oder geschäftliche Zwecke nutzt, ohne diesen Dienst zwangsläufig abonniert zu haben;

4. „Stammdaten" alle personenbezogenen Daten, die für die Begründung, die Abwicklung, Änderung oder Beendigung der Rechtsbeziehungen zwischen dem Benutzer und dem Anbieter von Telekommunikationsdiensten oder zur Erstellung und Herausgabe von Teilnehmerverzeichnissen erforderlich sind; dies sind:

a) Familienname und Vorname,

b) akademischer Grad,

c) Adresse,

d) Teilnehmernummer,

e) Bonität;

5. „Vermittlungsdaten" alle personenbezogenen Daten, die sich auf Teilnehmer und Benutzer beziehen und für den Aufbau einer Verbindung oder für die Verrechnung von Entgelten erforderlich sind; dies sind:

a) aktive und passive Teilnehmernummern,

b) Anschrift des Teilnehmers,

c) Art des Endgerätes,

d) Gebührencode,

e) Gesamtzahl der für den Abrechnungszeitraum zu berechnenden Einheiten,

f) Art, Datum, Zeitpunkt und Dauer der Verbindung,

g) übermittelte Datenmenge,

h) andere Zahlungsinformationen, wie Vorauszahlung, Ratenzahlung, Sperren des Anschlusses oder Mahnungen;

6. „Inhaltsdaten" die Inhalte übertragener Nachrichten.

Fernmeldegeheimnis

§ 88. (1) Dem Fernmeldegeheimnis unterliegen die Inhaltsdaten und die näheren Umstände der Kommunikation, insbesondere die Tatsache, ob jemand an einem Telekommunikationsvorgang beteiligt ist oder war. Das Fernmeldegeheimnis erstreckt sich auch auf die näheren Umstände erfolgloser Verbindungsversuche.

(2) Zur Wahrung des Fernmeldegeheimnisses ist jeder Betreiber und alle Personen, die an der Tätigkeit des Betreibers mitwirken, verpflichtet. Die Pflicht zur Geheimhaltung besteht auch nach dem Ende der Tätigkeit fort, durch die sie begründet worden ist.

(3) Das Mithören, Abhören, Aufzeichnen, Abfangen oder sonstige Überwachen einer im Rahmen der Nutzung eines öffentlichen Telekommunikationsdienstes erfolgten Kommunikation sowie die Weitergabe von Informationen darüber durch andere Personen als einen Benutzer ohne Einwilligung aller beteiligten Benutzer ist unzulässig. Dies gilt nicht für die Aufzeichnung und Rückverfolgung von Telefongesprächen durch Notruforganisationen im Rahmen der Entgegennahme von Notrufen und die Fälle der Fangschaltung.

(4) Werden mittels einer Funkanlage, eines Endgerätes oder mittels einer sonstigen technischen Einrichtung Nachrichten empfangen, die für diese Funkanlage, dieses Endgerät oder den Benutzer der sonstigen Einrichtung nicht bestimmt sind, so dürfen der Inhalt der Nachrichten sowie die Tatsache

ihres Empfanges weder aufgezeichnet noch Unbefugten mitgeteilt oder für irgendwelche Zwecke verwertet werden. Aufgezeichnete Nachrichten sind zu löschen oder auf andere Art zu vernichten.

Technische Einrichtungen

§ 89. (1) Der Betreiber ist nach Maßgabe einer gemäß Abs. 3 erlassenen Verordnung verpflichtet, alle Einrichtungen bereitzustellen, die zur Überwachung des Fernmeldeverkehrs nach den Bestimmungen der StPO erforderlich sind. Diese Verpflichtung begründet keinen Anspruch auf Kostenersatz.

(2) Der Betreiber ist verpflichtet, an der Überwachung des Fernmeldeverkehrs nach den Bestimmungen der StPO im erforderlichen Ausmaß mitzuwirken. Hiefür gebührt ihm der Ersatz der angemessenen Kosten.

(3) Durch Verordnung kann der Bundesminister für Wissenschaft und Verkehr im Einvernehmen mit den Bundesministern für Inneres und für Justiz, dem jeweiligen Stand der Technik entsprechend, die näheren Bestimmungen für die Gestaltung der technischen Einrichtungen zur Gewährleistung der Überwachung eines Fernmeldeverkehrs nach den Bestimmungen der StPO festsetzen. Nach Erlassung der Verordnung ist unmittelbar dem Hauptausschuss des Nationalrates zu berichten.

Sicherheit des Netzbetriebes

§ 90. (1) Die Pflicht zur Erlassung von Datensicherheitsmaßnahmen im Sinne des § 21 des Datenschutzgesetzes im Zusammenhang mit der Erbringung eines Telekommunikationsdienstes obliegt jedem Betreiber jeweils für jeden von ihm erbrachten Dienst.

(2) Unbeschadet des Abs. 1 hat der Betreiber in jenen Fällen, in denen ein besonderes Risiko der Verletzung der Vertraulichkeit besteht, die Teilnehmer über dieses Risiko und über mögliche Abhilfen einschließlich deren Kosten zu unterrichten.

Datenschutz - Allgemeines

§ 91. (1) Stammdaten, Vermittlungsdaten und Inhaltsdaten dürfen nur für Zwecke der Besorgung eines Telekommunikationsdienstes ermittelt oder verarbeitet werden.

(2) Die Übermittlung von im Abs. 1 genannten Daten darf nur erfolgen, soweit das für die Erbringung jenes Telekommunikationsdienstes, für den diese Daten ermittelt und verarbeitet worden sind, durch den Betreiber erforderlich ist. Sonstige Übermittlungen dürfen nur auf Grund einer vorherigen schriftlichen Zustimmung der Betroffenen erfolgen. Die Zustimmung gilt nur dann als erteilt, wenn sie ausdrücklich als Antwort auf ein Ersuchen des Betreibers gegeben wurde. Die Betreiber dürfen die Bereitstellung ihrer Dienste nicht von einer solchen Zustimmung abhängig machen.

(3) Der Betreiber ist verpflichtet, den Teilnehmer darüber zu informieren, welche personenbezogenen Daten er ermitteln und verarbeiten wird, auf welcher Rechtsgrundlage und für welche Zwecke dies erfolgt und für wie lange die Daten gespeichert werden. Diese Information hat in geeigneter Form, insbesondere im Rahmen allgemeiner Geschäftsbedingungen und spätestens bei Beginn der Rechtsbeziehungen zu erfolgen. Das Auskunftsrecht nach dem Datenschutzgesetz bleibt unberührt.

Stammdaten

§ 92. (1) Stammdaten dürfen von Betreibern nur für folgende Zwecke ermittelt und verarbeitet werden:

1. Abschluss, Durchführung, Änderung oder Beendigung des Vertrages mit dem Teilnehmer;

2. Verrechnung der Entgelte und

3. Erstellung von Teilnehmerverzeichnissen, auch gemäß § 26.

(2) Stammdaten sind spätestens nach Beendigung der Rechtsbeziehungen mit dem Teilnehmer vom Betreiber zu löschen. Ausnahmen sind nur soweit zulässig, als diese Daten noch benötigt werden, um Entgelte zu verrechnen oder einzubringen, Beschwerden zu bearbeiten oder sonstige gesetzliche Verpflichtungen zu erfüllen.

Vermittlungsdaten

§ 93. (1) Vermittlungsdaten dürfen grundsätzlich nicht gespeichert werden und sind vom Betreiber nach Beendigung der Verbindung unverzüglich zu löschen oder zu anonymisieren.

(2) Sofern dies für Zwecke der Verrechnung von Entgelten erforderlich ist, hat der Betreiber Vermittlungsdaten bis zum Ablauf jener Frist zu speichern, innerhalb derer die Rechnung rechtlich angefochten werden oder der Anspruch auf Zahlung geltend gemacht werden kann. Diese Daten sind im Streitfall der entscheidenden Einrichtung sowie der Schlichtungsstelle unverkürzt zur Verfügung zu stellen. Wird ein Verfahren über die Höhe der Entgelte eingeleitet, dürfen die Daten bis zur endgültigen Entscheidung über die Höhe der Entgelte nicht gelöscht werden. Der Umfang der gespeicherten Vermittlungsdaten ist auf das unbedingt notwendige Minimum zu beschränken.

(3) Die Verarbeitung von Vermittlungsdaten darf nur durch solche Personen erfolgen, die mit der Besorgung jener Aufgaben betraut sind, für die Daten ermittelt und verarbeitet werden dürfen.

(4) Dem Betreiber ist es außer in den gesetzlich besonders geregelten Fällen untersagt, einen Teilnehmeranschluss über die Zwecke der Verrechnung hinaus nach den von diesem Anschluss aus angerufenen Teilnehmernummern auszuwerten. Mit Zustimmung des Teilnehmers darf der Betreiber die Daten zur Vermarktung für Zwecke der eigenen Telekommunikationsdienste verwenden.

Entgeltnachweis

§ 94. (1) Die Teilnehmerentgelte sind grundsätzlich in Form eines Entgeltnachweises darzustellen, der eine Zusammensetzung der Entgelte nach Entgelttarten enthält. Wenn der Teilnehmer es beantragt, sind die Entgelte als Einzelentgeltnachweis oder in anderen, in den Geschäftsbedingungen anzubietenden Detaillierungsgraden, darzustellen. Für Entgeltnachweise, die einen zusätzlichen Detaillierungsgrad als der Standardnachweis aufweisen, darf in den Geschäftsbedingungen ein Entgelt vorgesehen werden. Dieses hat sich an den durch die abweichende Detaillierung verursachten Kosten zu orientieren.

(2) Der Betreiber hat den Umfang des Entgeltnachweises an der Netzentwicklung und der Marktnachfrage zu orientieren und in den Geschäftsbedingungen festzulegen.

(3) Bei der Erstellung eines Einzelentgeltnachweises dürfen nur jene Vermittlungsdaten verarbeitet werden, die dafür unbedingt erforderlich sind. Die passiven Teilnehmernummern dürfen im Einzelentgeltnachweis nur in verkürzter Form ausgewiesen werden. Es sei denn, die Tarifierung einer Verbindung lässt sich nur aus der unverkürzten Teilnehmernummer ableiten. Anrufe, für die keine Entgeltpflicht entsteht und Anrufe bei Notrufstellen dürfen nicht ausgewiesen werden.

(4) Für das Löschen der Daten eines Entgeltnachweises gelten dieselben Fristen wie für das Löschen von Vermittlungsdaten.

Inhaltsdaten

§ 95. (1) Inhaltsdaten dürfen - sofern die Speicherung nicht einen wesentlichen Bestandteil des Telekommunikationsdienstes darstellt - grundsätzlich nicht gespeichert werden. Sofern aus technischen Gründen eine kurzfristige Speicherung erforderlich ist, hat der Betreiber nach Wegfall dieser Gründe die gespeicherten Daten unverzüglich zu löschen.

(2) Der Betreiber hat durch technische und organisatorische Vorkehrungen sicherzustellen, dass Inhaltsdaten nicht oder nur in dem aus technischen Gründen erforderlichen Mindestausmaß gespeichert werden. Sofern die Speicherung des Inhaltes Dienstmerkmal ist, sind die Daten unmittelbar nach der Erbringung des Dienstes zu löschen.

Teilnehmerverzeichnis

§ 96. (1) Für die Benützung eines öffentlichen Telekommunikationsdienstes hat der Betreiber ein Teilnehmerverzeichnis zu erstellen. Das Teilnehmerverzeichnis kann in gedruckter Form (Buch), als telefonischer Auskunftsdienst, als Bildschirmtext, als elektronischer Datenträger oder in einer anderen technischen Kommunikationsform gestaltet sein.

(2) In dieses Teilnehmerverzeichnis sind jeweils aufzunehmen: Familienname und Vorname, akademischer Grad, Adresse, Teilnehmernummer des Teilnehmers und, sofern der Teilnehmer dies wünscht, die Berufsbezeichnung. Dafür darf kein Entgelt verlangt werden.

(3) Mit Zustimmung des Teilnehmers können noch zusätzliche Daten in das Teilnehmerverzeichnis aufgenommen werden. Sofern davon auch andere Personen betroffen sind, müssen auch diese zustimmen.

(4) Sofern dies ein Teilnehmer wünscht, hat die Eintragung der ihn betreffenden Daten in das Teilnehmerverzeichnis ganz oder teilweise zu unterbleiben (Nichteintragung). Dafür darf kein Entgelt verlangt werden.

(5) Die im Teilnehmerverzeichnis enthaltenen Daten dürfen vom Betreiber nur für Zwecke der Benützung des Dienstes verwendet und ausgewertet werden. Jede andere Verwendung ist unzulässig. So dürfen die Daten insbesondere nicht dafür verwendet werden, um elektronische Profile von Teilnehmern zu erstellen oder diese Teilnehmer, ausgenommen zur Erstellung und Herausgabe von Teilnehmerverzeichnissen nach Kategorien zu ordnen. Der Betreiber hat durch geeignete technische Maßnahmen sicherzustellen, dass elektronische Teilnehmerverzeichnisse nicht kopiert werden können.

(6) Die Übermittlung der in einem Teilnehmerverzeichnis enthaltenen Daten an die Regulierungsbehörde gemäß § 26 und an einen vom Betreiber verschiedenen Herausgeber eines betreiberübergreifenden Teilnehmerverzeichnisses im Sinne des Abs. 1 ist zulässig. Solchen Ersuchen haben zu entsprechen:

1. marktbeherrschende Betreiber,

2. Konzessionsinhaber, die öffentlichen Sprachtelefondienst anbieten, wenn die Anforderung von einem anderen Konzessionsinhaber erfolgt.

Für die Übermittlung der Daten darf ein in den Geschäftsbedingungen im Vorhinein festzulegendes Entgelt verlangt werden, das sich in den unter Z 1 und Z 2 genannten Fällen an den Kosten zu orientieren hat.

(7) Die Bestimmungen der vorstehenden Absätze über die zulässige Verwendung, Auswertung und Übermittlung der einen Teilnehmer betreffenden Daten sind gegenüber Ersuchen der Gerichte, die sich auf die Aufklärung und Verfolgung einer bestimmten Straftat beziehen, nicht anzuwenden. Der Betreiber hat durch technische und organisatorische Vorkehrungen sicherzustellen, dass solchen Ersuchen auch hinsichtlich der Daten entsprochen werden kann, deren Eintragung nach Abs. 4 unterbleibt.

Anzeige der Rufnummer des Anrufers

§ 97. (1) Soweit der Betreiber eines öffentlichen Sprachtelefondienstes die Anzeige der Rufnummer anbietet, muss dem anrufenden Benutzer außer bei Notrufen die Möglichkeit eingeräumt werden, die Anzeige für jeden Anruf einzeln, selbständig und entgeltfrei zu unterdrücken. Für jeden Teilnehmeranschluss muss diese Funktion als Dauereinrichtung angeboten werden.

(2) Soweit der Betreiber die Anzeige der Rufnummer des Anrufers anbietet, muss dem angerufenen Teilnehmer die Möglichkeit eingeräumt werden, die Anzeige eingehender Anrufe selbständig und entgeltfrei zu unterdrücken. Wird die Rufnummer bereits vor der Herstellung der Verbindung angezeigt, muss dem angerufenen Teilnehmer die Möglichkeit eingeräumt werden, eingehende Anrufe, bei denen die Rufnummernanzeige unterdrückt wurde, selbständig und entgeltfrei abzuweisen.

(3) Soweit der Betreiber die Anzeige der Rufnummer des Angerufenen anbietet, muss dem angerufenen Teilnehmer die Möglichkeit eingeräumt werden, die Anzeige seiner Rufnummer beim Anrufer selbständig und entgeltfrei zu unterdrücken.

(4) Der Betreiber ist verpflichtet, in seinen Geschäftsbedingungen über die Möglichkeit der Rufnummernanzeige und die verschiedenen Möglichkeiten der Unterdrückung der Anzeige zu informieren.

Automatische Anrufweiterschaltung

§ 98. Die Betreiber haben bei den von ihnen angebotenen Diensten, bei denen eine Anrufweiterschaltung möglich ist, die Möglichkeit vorzusehen, dass der Teilnehmer selbständig und entgeltfrei die von dritten Teilnehmern veranlasste automatische Anrufweiterschaltung zum Endgerät des Teilnehmers abstellen kann.

Automatische Anrufweiterschaltung beim öffentlichen Sprachtelefondienst

§ 99. Die Betreiber eines öffentlichen Sprachtelefondienstes haben bei den von ihnen angebotenen Diensten, die eine Option Anrufweiterschaltung anbieten, die Möglichkeit vorzusehen, dass jeder Teilnehmer die Möglichkeit hat, selbständig und entgeltfrei eine von dritten Teilnehmern veranlassbare automatische Anrufweiterschaltung zum Endgerät des Teilnehmers generell und im Einzelfall abzustellen.

Fangschaltung, belästigende Anrufe

§ 100. (1) Fangschaltung ist die vom Willen des Anrufenden unabhängige Feststellung der Identität eines anrufenden Anschlusses.

(2) Sofern ein Teilnehmer dies zur Verfolgung belästigender Anrufe wünscht, hat der Betreiber eine Fangschaltung oder die Aufhebung der Unterdrückung der Rufnummernanzeige für zukünftige Anrufe einzurichten. Er darf dafür ein Entgelt verlangen.

(3) Das Ergebnis der Fangschaltung ist dem Teilnehmer bekannt zu geben, wenn er die Tatsache von belästigenden Anrufen während der Überwachung glaubhaft macht.

Unerbetene Anrufe

§ 101. Anrufe - einschließlich das Senden von Fernkopien - zu Werbezwecken ohne vorherige Einwilligung des Teilnehmers sind unzulässig. Der Einwilligung des Teilnehmers steht die Einwilligung einer Person, die vom Teilnehmer zur Benützung seines Anschlusses ermächtigt wurde, gleich. Die erteilte Einwilligung kann jederzeit widerrufen werden; der Widerruf der Einwilligung hat auf ein Vertragsverhältnis mit dem Adressaten der Einwilligung keinen Einfluss. "Die Zusendung einer elektronischen Post als Massensendung oder zu Werbezwecken bedarf der vorherigen - jederzeit widerruflichen - Zustimmung des Empfängers."

(Anmerkung: Der letzte Satz wurde eingefügt durch BGBl. I Nr. 188/1999 und trat am 20.08.1999 in Kraft.)

13. Abschnitt

Strafbestimmungen

Geheimnismissbrauch

§ 102. (1) Wer entgegen § 88 Abs. 4 Nachrichten in der Absicht, sich oder einem anderen Unberufenen Kenntnis vom Inhalt dieser Nachrichten zu verschaffen, aufzeichnet oder einem Unberufenen mitteilt, ist, wenn die Tat nicht nach einer anderen Bestimmung mit strengerer Strafe bedroht ist, vom Gericht mit Freiheitsstrafe bis zu drei Monaten oder mit Geldstrafe bis zu 180 Tagessätzen zu bestrafen.

(2) Der Täter ist nur auf Antrag des Verletzten zu verfolgen.

Verletzung von Rechten der Benützer

§ 103. (1) Eine im § 88 Abs. 2 bezeichnete Person, die

1. unbefugt über die Tatsache oder den Inhalt des Telekommunikationsverkehrs bestimmter Personen einem Unberufenen Mitteilung macht oder ihm Gelegenheit gibt, Tatsachen, auf die sich die Pflicht zur Geheimhaltung erstreckt, selbst wahrzunehmen,

2. eine Nachricht fälscht, unrichtig wiedergibt, verändert, unterdrückt, unrichtig vermittelt oder unbefugt dem Empfangsberechtigten vorenthält,

ist, wenn die Tat nicht nach einer anderen Bestimmung mit strengerer Strafe bedroht ist, vom Gericht mit Freiheitsstrafe bis zu drei Monaten oder mit Geldstrafe bis zu 180 Tagessätzen zu bestrafen.

(2) Der Täter ist nur auf Antrag des Verletzten zu verfolgen.

Verwaltungsstrafbestimmungen

§ 104. (1) Eine Verwaltungsübertretung begeht und ist mit einer Geldstrafe bis zu 50 000 S zu bestrafen, wer

1. entgegen § 68 Abs. 1 eine Funkanlage ohne Bewilligung errichtet oder betreibt;

2. entgegen § 70 Abs. 1 eine Funksendeanlage ohne Bewilligung einführt, vertreibt oder besitzt;

3. entgegen einer Verordnung gemäß § 70 Abs. 5 eine Funkempfangsanlage einführt, vertreibt oder besitzt;

4. entgegen § 74 Einrichtungen oder Satellitenfunkanlagen an ein öffentliches Telekommunikationsnetz anschließt;

5. entgegen § 75 Abs. 1 eine Funkanlage oder ein Endgerät missbräuchlich verwendet;

6. entgegen § 75 Abs. 2 nicht geeignete Maßnahmen trifft, die eine missbräuchliche Verwendung von Funkanlagen oder Endgeräten ausschließen;

7. entgegen § 75 Abs. 3 eine Funkanlage für einen anderen als den bewilligten Zweck, an einem nicht bewilligten Standort oder in einem nicht bewilligten Einsatzgebiet betreibt;

8. entgegen § 75 Abs. 4 Funksendeanlagen mit nicht bewilligten Frequenzen oder Rufzeichen betreibt;

9. entgegen § 75 Abs. 5 Endgeräte so betreibt, dass eine Störung eines öffentlichen Telekommunikationsnetzes erfolgt;

10. entgegen § 75 Abs. 6 nicht zugelassene oder nicht entsprechend gekennzeichnete Endgeräte mit einem öffentlichen Telekommunikationsnetz verbindet oder in Verbindung mit diesem betreibt;

11. entgegen § 81 Abs. 1 Änderungen nicht anzeigt oder angeordnete Änderungen nicht befolgt;

12. entgegen § 83 Abs. 3 nicht die erforderlichen Auskünfte gibt oder nicht die verlangten Urkunden vorweist;

13. entgegen § 83 Abs. 4 Funkanlagen zur Prüfung nicht an dem dafür bestimmten Ort oder zu dem bestimmten Zeitpunkt bereitstellt;

14. entgegen § 85 Abs. 1 angeordnete Maßnahmen nicht befolgt.

(2) Eine Verwaltungsübertretung begeht und ist mit einer Geldstrafe bis zu 100 000 S zu bestrafen, wer

1. entgegen § 73 Abs. 1 Funkanlagen oder Endgeräte kennzeichnet, ohne dazu berechtigt zu sein;

2. entgegen § 73 Abs. 1 Funkanlagen oder Endgeräte kennzeichnet, ohne dass diese mit der zugelassenen Type übereinstimmen;

3. entgegen § 74 Einrichtungen oder Satellitenfunkanlagen in Verkehr bringt;

4. entgegen § 78 Abs. 6 Nebenbestimmungen nicht erfüllt;

5. entgegen § 83 Abs. 6 den Organen der Fernmeldebüros das Betreten von Grundstücken oder Räumen nicht gestattet;

6. entgegen § 84 Abs. 1 die Durchführung einer Durchsuchung verhindert;

7. einer auf Grund dieses Bundesgesetzes erlassenen Verordnung oder einem auf Grund dieses Bundesgesetzes erlassenen Bescheid zuwiderhandelt.

(3) Eine Verwaltungsübertretung begeht und ist mit einer Geldstrafe bis zu 500 000 S zu bestrafen, wer

"1. entgegen § 7 Abs. 1 und 2 Mitbenutzung nicht gestattet;"

"2". entgegen § 13 Abs. 1 die Erbringung eines Telekommunikationsdienstes nicht anzeigt;

"3". entgegen § 14 einen konzessionspflichtigen Dienst ohne Konzession erbringt;

"4". entgegen § 18 Abs. 1 einen Telekommunikationsdienst erbringt, ohne dass die Genehmigung der Geschäftsbedingungen oder der Entgelte vorliegt;

"5". entgegen § 18 Abs. 4 Geschäftsbedingungen oder wesentliche Änderungen derselben der Regulierungsbehörde nicht rechtzeitig vor Aufnahme des Dienstes oder Inkrafttreten der Änderung anzeigt;

"6". entgegen § 19 die Pflichten des Erbringers eines öffentlichen Sprachtelefondienstes nicht erfüllt;

"7". entgegen § 20 Abs. 1 einen öffentlichen Mobilfunkdienst ohne Konzession erbringt;

"8". entgegen § 26 Abs. 2 nicht die Angaben zur Herausgabe eines Teilnehmerverzeichnisses übermittelt;

"9". entgegen § 31 seine Umsätze nicht mitteilt;

"10". entgegen § 36 nicht ein Mindestangebot an Mietleitungen anbietet;

"11". entgegen § 37 Abs. 1 nicht Netzzugang und Zusammenschaltung gewährt;

"12". entgegen § 41 Abs. 5 nicht die geforderten Unterlagen übermittelt;

"13". entgegen § 44 Abs. 2 die Überlassung von Infrastruktur nicht anzeigt;

"14". entgegen § 44 Abs. 2 Infrastruktur nutzt;

"15". entgegen § 46 nicht Einschau in Aufzeichnungen und Bücher gewährt;

"16". entgegen § 58 nicht die notwendigen Auskünfte erteilt;

"17". entgegen § 83 Abs. 2 nicht die erforderlichen Auskünfte erteilt;

"18". entgegen § 83 Abs. 3 Anordnungen nicht befolgt;

"19". entgegen § 89 Abs. 1 nicht Einrichtungen zur Überwachung des Telekommunikationsverkehrs bereitstellt;

"20". entgegen § 90 Abs. 2 die Teilnehmer nicht unterrichtet;

"21". entgegen § 91 Abs. 3 die Teilnehmer nicht informiert;

"22". entgegen § 96 Abs. 5 nicht durch geeignete technische Maßnahmen sicherstellt, dass elektronische Teilnehmerverzeichnisse nicht kopiert werden können;

"23. entgegen § 101 unerbetene Anrufe zu Werbezwecken oder die Zusendung einer elektronischen Post als Massensendung oder zu Werbezwecken tätigt."

(Anmerkung: Z 1 wurde eingefügt und die bisherigen Z 1 bis 22 erhielten die Bezeichnung 2 bis 23 durch BGBl. I Nr. 27/1999; die Änderungen traten am 13.01.1999 in Kraft. Z 23 wurde geändert durch BGBl. I Nr. 188/1999 und trat am 20.08.1999 in Kraft.)

(4) Eine Verwaltungsübertretung gemäß Abs. 1 bis 3 liegt nicht vor, wenn die Tat den Tatbestand einer in die Zuständigkeit der Gerichte fallenden strafbaren Handlung bildet oder nach anderen Verwaltungsstrafbestimmungen mit strengerer Strafe bedroht ist.

(5) Im Straferkenntnis können die Gegenstände, mit denen die strafbare Handlung begangen wurde, zugunsten des Bundes für verfallen erklärt werden.

(6) Die nach diesem Bundesgesetz durch die Fernmeldebüros verhängten Geldstrafen fallen dem Bund zu.

14. Abschnitt

Behörden

Fernmeldebehörden

§ 105. Fernmeldebehörden sind der Bundesminister für Wissenschaft und Verkehr als oberste Fernmeldebehörde sowie die der obersten Fernmeldebehörde unterstehenden Fernmeldebüros und das Zulassungsbüro.

Zuständigkeit

§ 106. (1) Der örtliche Wirkungsbereich der obersten Fernmeldebehörde und des Zulassungsbüros umfasst das gesamte Bundesgebiet.

(2) Die Fernmeldebüros sind eingerichtet:

1. in Graz für die Länder Steiermark und Kärnten,

2. in Innsbruck für die Länder Tirol und Vorarlberg,

3. in Linz für die Länder Oberösterreich und Salzburg sowie

4. in Wien für die Länder Wien, Niederösterreich und Burgenland.

(3) Für die in diesem Bundesgesetz vorgesehenen Amtshandlungen ist, sofern nicht anderes bestimmt ist, das örtlich in Betracht kommende Fernmeldebüro zuständig. Betrifft eine Maßnahme den Wirkungsbereich zweier oder mehrerer Fernmeldebüros, ist einvernehmlich vorzugehen.

(4) Das Zulassungsbüro ist zuständig für

1. die Entscheidung über Anträge auf Typenzulassung von Funkanlagen,

2. die Entscheidung über Anträge auf Zulassung oder Typenzulassung von Endgeräten und

3. den Widerruf von erteilten Zulassungen und Typenzulassungen.

(5) Der Bundesminister für Wissenschaft und Verkehr (oberste Fernmeldebehörde) ist zuständig für

1. grundsätzliche Vorgaben für die Tätigkeit der Regulierungsbehörde,

2. die Erlassung und Handhabung der zur Durchführung der internationalen Verträge erforderlichen Vorschriften, insbesondere über die Nutzung des Frequenzspektrums,

3. die Entscheidung über Rechtsmittel gegen Bescheide der Fernmeldebüros und des Zulassungsbüros, soweit nicht die Zuständigkeit eines unabhängigen Verwaltungssenates gegeben ist.

Mitwirkung durch Organe des öffentlichen Sicherheitsdienstes, Vollstreckung

§ 107. (1) Die Organe des öffentlichen Sicherheitsdienstes haben den Fernmeldebüros und ihren Organen über deren Ersuchen zur Sicherung der Ausübung der Überwachungsbefugnisse im Rahmen ihres gesetzmäßigen Wirkungsbereiches Hilfe zu leisten.

(2) Die von den Fernmeldebehörden erlassenen Bescheide sind, sofern sie keine Geldleistung zum Gegenstand haben, von den Fernmeldebehörden unter Anwendung der Vorschriften des Verwaltungsvollstreckungsgesetzes selbst zu vollstrecken.

Telekom Control GmbH

Errichtung

§ 108. (1) Zur Wahrung der Regulierungsaufgaben im Bereich der Telekommunikation wird eine Gesellschaft mit beschränkter Haftung mit einem Stammkapital von 50 Millionen Schilling gegründet. Der Sitz der Gesellschaft ist Wien. Die Gesellschaft ist nicht gewinnorientiert.

(2) Die Gesellschaft führt die Firma „Telekom-Control Österreichische Gesellschaft für Telekommunikationsregulierung mit beschränkter Haftung" (Telekom-Control GmbH). Ihre Anteile sind zu 100% dem Bund vorbehalten. Die Verwaltung der Anteilsrechte für den Bund obliegt dem Bundesminister für Wissenschaft und Verkehr.

(3) Der Bundesminister für Wissenschaft und Verkehr wird ermächtigt, im Einvernehmen mit dem Bundesminister für Finanzen Kapitalerhöhungen zuzustimmen.

(4) Der Bundesminister für Wissenschaft und Verkehr hat dafür zu sorgen, dass dem Aufsichtsrat der Telekom-Control GmbH auch ein Vertreter des Bundesministers für Finanzen angehört.

(5) Sofern nicht anderes bestimmt ist, ist das Gesetz über die Gesellschaften mit beschränkter Haftung RGBl. Nr. 58/1906, anzuwenden.

Aufgaben

§ 109. Die Telekom-Control GmbH hat sämtliche Aufgaben, die im Telekommunikationsgesetz und in den auf Grund dieses Gesetzes erlassenen Verordnungen der Regulierungsbehörde übertragen sind, wahrzunehmen sofern hiefür nicht die Telekom-Control-Kommission (§ 111) zuständig ist. Die Telekom-Control GmbH hat alle organisatorischen Vorkehrungen zu treffen, um ihre Aufgaben erfüllen zu können und der Telekom-Control-Kommission die Erfüllung deren Aufgaben zu ermöglichen.

Telekom-Control-Kommission

§ 110. (1) Zur Erfüllung der im § 111 genannten Aufgaben wird eine Telekom-Control-Kommission eingerichtet.

(2) Die Telekom-Control-Kommission ist bei der Telekom-Control GmbH angesiedelt. Die Ge-

schäftsführung der Telekom-Control-Kommission obliegt der Telekom-Control GmbH. Im Rahmen ihrer Tätigkeit für die Telekom-Control-Kommission ist das Personal der Telekom-Control GmbH an die Weisungen des Vorsitzenden oder des in der Geschäftsordnung bezeichneten Mitgliedes gebunden.

Aufgaben

§ 111. Der Telekom-Control-Kommission sind folgende Aufgaben zugewiesen:

"1. Erteilung, Entziehung und Widerruf von Konzessionen sowie Zustimmung bei Übertragung und Änderungen von Konzessionen gemäß §§ 15, 16 und 20 bis 23,"

2. Genehmigung von Geschäftsbedingungen und Entgelten und Ausübung des Widerspruchsrechts gemäß § 18,

3. Ermittlung des aus dem Universaldienstfonds zu leistenden finanziellen Ausgleichs gemäß § 29,

4. Feststellung des an den Universaldienstfonds zu leistenden Betrages gemäß § 30,

5. Feststellung, welcher Anbieter gemäß § 33 als marktbeherrschend einzustufen ist,

"6. Festlegung der Bedingungen für die Zusammenschaltung im Streitfall gemäß §§ 37 bis 41,"

7. Feststellung über die Nichteinhaltung des Quersubventionsverbotes gemäß § 44,

"8. Festlegung der Bedingungen für die Mitbenutzung im Streitfall gemäß § 7 Abs. 2 bis 8."

(Anmerkung: Z 1 und 6 wurden geändert und Z 8 wurde angefügt durch BGBl. I Nr. 27/1999 und traten am 13.01.1999 in Kraft.)

Zusammensetzung der Telekom-Control-Kommission

§ 112. (1) Die Telekom-Control-Kommission besteht aus drei Mitgliedern, die durch die Bundesregierung ernannt werden. Ein Mitglied hat dem Richterstand anzugehören. Bei seiner Bestellung hat die Bundesregierung auf einen Dreiervorschlag des Präsidenten des Obersten Gerichtshofes Bedacht zu nehmen. Die Bestellung der beiden anderen Mitglieder erfolgt über Vorschlag des Bundesministers für Wissenschaft und Verkehr. Dabei ist darauf Bedacht zu nehmen, dass ein Mitglied über einschlägige technische, das andere Mitglied über juristische und ökonomische Kenntnisse verfügt. Die Funktionsperiode der Telekom-Control-Kommission beträgt fünf Jahre. Eine Wiederbestellung ist zulässig.

(2) Für jedes Mitglied ist vom Bundesminister für Wissenschaft und Verkehr ein Ersatzmitglied zu bestellen. Das Ersatzmitglied tritt bei Verhinderung eines Mitgliedes an dessen Stelle.

(3) Der Telekom-Control-Kommission dürfen nicht angehören:

1. Mitglieder der Bundesregierung oder einer Landesregierung sowie Staatssekretäre;

2. Personen, die in einem rechtlichen oder faktischen Naheverhältnis zu jenen stehen, die eine Tätigkeit der Telekom-Control-Kommission in Anspruch nehmen;

3. Personen, die zum Nationalrat nicht wählbar sind.

(4) Hat ein Mitglied der Telekom-Control-Kommission Einladungen zu drei aufeinander folgenden Sitzungen ohne genügende Entschuldigung keine Folge geleistet oder tritt bei einem Mitglied ein Ausschließungsgrund gemäß Abs. 4 nachträglich ein, so hat dies nach seiner Anhörung die Telekom-Control-Kommission festzustellen. Diese Feststellung hat den Verlust der Mitgliedschaft zur Folge.

(5) Auf die Ersatzmitglieder finden die Abs. 1, 3 und 4 sinngemäß Anwendung.

(6) Scheidet ein Mitglied wegen Todes, freiwillig oder gemäß Abs. 5 vorzeitig aus, so wird das betreffende Ersatzmitglied Mitglied der Telekom-Control-Kommission, und es ist unter Anwendung der Abs. 1 und 2 bis zum Ablauf der Funktionsperiode der Mitglieder ein neues Ersatzmitglied zu bestellen.

(7) Die Mitglieder der Telekom-Control-Kommission haben Anspruch auf Ersatz der angemessenen Reisekosten und Barauslagen sowie auf ein Sitzungsgeld, das vom Bundesminister für Wissenschaft und Verkehr im Einvernehmen mit dem Bundesminister für Finanzen durch Verordnung unter Bedachtnahme auf die Bedeutung und den Umfang der von der Telekom-Control-Kommission zu besorgenden Aufgaben festzusetzen ist.

Vorsitzender und Geschäftsordnung

§ 113. (1) Das richterliche Mitglied führt den Vorsitz in der Telekom-Control-Kommission.

(2) Die Telekom-Control-Kommission gibt sich eine Geschäftsordnung, in der eines ihrer Mitglie-

der mit der Führung der laufenden Geschäfte zu betrauen ist.

(3) Für einen gültigen Beschluss der Telekom-Control-Kommission ist Einstimmigkeit notwendig. Stimmenthaltung ist unzulässig.

Weisungsfreiheit

§ 114. Die Mitglieder der Telekom-Control-Kommission sind gemäß Art. 20 Abs. 2 B-VG bei der Ausübung ihres Amtes an keine Weisungen gebunden.

Verfahrenvorschriften, Instanzenzug

§ 115. (1) Sofern dieses Bundesgesetz nicht anderes bestimmt, wendet die Telekom-Control-Kommission das AVG 1991 an.

(2) Die Telekom-Control-Kommission entscheidet in oberster Instanz. Ihre Entscheidungen unterliegen nicht der Aufhebung oder Abänderung im Verwaltungsweg.

Streitschlichtung

§ 116. (1) Unbeschadet der Zuständigkeit der ordentlichen Gerichte können Kunden oder Interessenvertretungen Streit- oder Beschwerdefälle, insbesondere betreffend die Qualität des Dienstes und bei Zahlungsstreitigkeiten, die mit dem Anbieter eines Telekommunikationsdienstes, insbesondere des Universaldienstes, nicht befriedigend gelöst worden sind, der Telekom-Control GmbH vorlegen, sofern darüber nicht die Telekom-Control-Kommission zu entscheiden hat (§ 111). Die Telekom-Control GmbH hat sich zu bemühen, innerhalb angemessener Frist eine einvernehmliche Lösung herbeizuführen. Die Anbieter von Telekommunikationsdiensten sind verpflichtet, an einem solchen Verfahren mitzuwirken und alle zur Beurteilung der Sachlage erforderlichen Auskünfte zu erteilen.

(2) Die Telekom-Control GmbH hat Richtlinien für die Durchführung des in Abs. 1 vorgesehenen Verfahrens festzulegen, wobei insbesondere der jeweiligen Sachlage angepasste Fristen für die Beendigung des Verfahrens zu bestimmen sind. Die Richtlinien sind in geeigneter Form zu veröffentlichen.

(3) Die Regulierungsbehörde hat dem Schlichtungsverfahren betreiberunabhängige Sachverständige beizuziehen. Sie kann diese ihrem Personalstand entnehmen.

Aufsichtsrecht

§ 117. (1) Unbeschadet der Rechte der Generalversammlung gemäß dem Gesetz über die Gesellschaft mit beschränkter Haftung, RGBl. Nr. 58/1906, unterliegt die Tätigkeit der Telekom-Control GmbH der Aufsicht des Bundesministers für Wissenschaft und Verkehr.

(2) Der Bundesminister für Wissenschaft und Verkehr kann in Erfüllung seines Aufsichtsrechtes der Telekom-Control GmbH begründete Weisungen in schriftlicher Form erteilen.

(3) Dem Bundesminister für Wissenschaft und Verkehr sind von der Geschäftsführung alle zur Erfüllung seiner Aufgaben erforderlichen Auskünfte zu erteilen und die entsprechenden Unterlagen zu übermitteln.

(4) Der Bundesminister für Wissenschaft und Verkehr kann die Bestellung zum Geschäftsführer widerrufen, wenn ein Geschäftsführer eine Weisung gemäß Abs. 2 nicht befolgt oder eine Auskunft gemäß Abs. 3 nicht erteilt. § 16 des Gesetzes über die Gesellschaften mit beschränkter Haftung wird dadurch nicht berührt.

Transparenz

§ 118. Entscheidungen der Telekom-Control GmbH und der Telekom-Control-Kommission von grundsätzlicher Bedeutung sowie Weisungen gemäß § 117 Abs. 2 sind unter Berücksichtigung datenschutzrechtlicher Bestimmungen in geeigneter Weise zu veröffentlichen. Die näheren Vorkehrungen für die Veröffentlichung sind vom Bundesminister für Wissenschaft und Verkehr durch Verordnung zu regeln.

Kollektivvertragsfähigkeit

§ 119. Die Telekom-Control GmbH ist als Arbeitgeber kollektivvertragsfähig.

Aufgaben der Unternehmensführung

§ 120. Die Geschäftsführung hat ein Konzept für ihre Tätigkeit zu erstellen und dieses jährlich zu überarbeiten. Sie hat bei ihren Maßnahmen insbesondere auch auf die Entwicklung der Telekommunikation in Österreich Bedacht zu nehmen. Darüber ist dem Bundesminister für Wissenschaft und Verkehr und dem Aufsichtsrat mindestens jährlich zu berichten. Die Geschäftsführung hat im Sinne der Wirtschaftlichkeit, Zweckmäßigkeit und Sparsamkeit der Unternehmensführung entsprechende Maßnahmen zu setzen und dem Bundesminister für Wissenschaft und Verkehr unverzüglich allenfalls notwendige Vorschläge über Änderung von Rahmenbedingungen der Unternehmenstätigkeit zu erstatten.

Tätigkeitsbericht

§ 121. Die Geschäftsführung hat jährlich einen Tätigkeitsbericht zu erstellen. In diesem Bericht sind insbesondere die Aufgaben, die Personalentwicklung und die aufgewendeten Finanzmittel darzustellen. Der Bericht ist vom Bundesminister für Wissenschaft und Verkehr dem Nationalrat vorzulegen und darüber hinaus in geeigneter Weise zu veröffentlichen.

Verfahrensvorschriften

§ 122. Im Verwaltungsverfahren nach den Zuständigkeiten gemäß § 109 ist das AVG 1991 anzuwenden.

Telekommunikationsbeirat

§ 123. (1) Zur Beratung des Bundesministers für Wissenschaft und Verkehr und der Regulierungsbehörde, insbesondere in grundsätzlichen Fragen der Telekommunikation und ihrer Auswirkungen auf die Entwicklung des Wettbewerbs auf den Wirtschaftsstandort Österreich und auf die Bedürfnisse der Konsumenten sowie die Weiterentwicklung des Universaldienstes, wird beim Bundesminister für Wissenschaft und Verkehr ein Telekommunikationsbeirat gebildet.

(2) Der Telekommunikationsbeirat besteht aus höchstens zehn Mitgliedern, die vom Bundesminister für Wissenschaft und Verkehr auf sechs Jahre ernannt werden. Zu Mitgliedern dürfen nur Personen mit ausreichenden volkswirtschaftlichen, betriebswirtschaftlichen, sozialpolitischen, technischen und rechtlichen Erfahrungen sowie Erfahrungen auf dem Gebiet des Konsumentenschutzes bestellt werden. Bei der Bestellung ist darauf zu achten, dass jede der genannten Fachrichtungen jedenfalls durch ein Mitglied abgedeckt wird.

(3) Für die Tätigkeit im Telekommunikationsbeirat gebühren der Ersatz der Reisespesen sowie Sitzungsgelder.

(4) Der Telekommunikationsbeirat hat aus seiner Mitte einen Vorsitzenden und einen Stellvertreter für die Dauer von zwei Jahren zu wählen. Wiederwahl ist zulässig.

(5) Der Telekommunikationsbeirat hat sich eine Geschäftsordnung zu geben. Mit der Geschäftsführung ist die Regulierungsbehörde betraut. Die Sitzungen sind nicht öffentlich.

(6) Der Telekommunikationsbeirat kann Studien zur wissenschaftlichen Darstellung der zu behandelnden Themen vergeben.

(7) Der Finanzbedarf des Telekommunikationsbeirates ist von der Regulierungsbehörde zu tragen. Der dafür vorgesehene Höchstbetrag ist jährlich vom Bundesminister für Wissenschaft und Verkehr festzusetzen.

15. Abschnitt

Übergangs- und Schlussbestimmungen

Außerkrafttreten von Rechtsvorschriften

§ 124. Mit Inkrafttreten dieses Bundesgesetzes tritt das Fernmeldegesetz 1993, BGBl. Nr. 908, zuletzt geändert durch das Bundesgesetz BGBl. I Nr. 44/1997, außer Kraft.

Übergangsbestimmungen

§ 125. (1) Die in folgenden gemäß Bundesgesetz vom 5. Juli 1972, BGBl. Nr. 267, als Bundesgesetz geltenden Verordnungen den Fernmeldebehörden zukommenden Aufgaben und Befugnisse gehen auf die Fernmeldebüros über, wobei für die oberste Fernmeldebehörde der Bundesminister für Wissenschaft und Verkehr und für die Fernmeldebehörde I. Instanz das jeweils örtlich zuständige Fernmeldebüro tritt:

1. Verordnung des Bundesministers für Verkehr und verstaatlichte Betriebe vom 21. Dezember 1953 über die Errichtung und den Betrieb von Amateurfunkstellen (Amateurfunkverordnung), BGBl. Nr. 30/1954, in der Fassung der Verordnung BGBl. Nr. 326/1962,

2. Verordnung des Bundesministeriums für Verkehr und verstaatlichte Unternehmungen vom 6. April 1967 über Funkerzeugnisse (Funker-Zeugnisverordnung), BGBl. Nr. 139/1967,

3. Verordnung des Bundesministers für Verkehr und Elektrizitätswirtschaft vom 23. November 1965 über die Errichtung und den Betrieb von Rundfunk- und Fernsehrundfunk Empfangsanlagen (Rundfunkverordnung), BGBl. Nr. 333/1965, in der Fassung dieses Bundesgesetzes.

(2) Zum Zeitpunkt des Inkrafttretens dieses Bundesgesetzes anhängige Verwaltungsverfahren, wie insbesondere das Verfahren zur Vergabe einer dritten Konzession zur Erbringung des reservierten Sprachtelefondienstes mittels Mobilfunk, sind nach der bis zum Inkrafttreten dieses Bundesgesetzes geltenden Rechtslage zu Ende zu führen.

(3) Die Behörde darf bestehenden Inhabern einer Konzession zur Erbringung des reservierten Fernmeldedienstes mittels Mobilfunk im digitalen zellularen Mobilfunkbereich bei Bedarf zusätzliche Frequenzen im Ausmaß von jeweils 5 MHz aus

dem für DCS-1800 reservierten Frequenzbereich zuweisen, wenn seit der Rechtskraft des Konzessionsbescheides des Lizenzwerbers für die 1997 zu vergebende DCS-1800-Konzession zumindest drei Jahre vergangen sind. Vor diesem Zeitpunkt können den bestehenden Konzessionsinhabern zusätzliche Frequenzen aus dem für DCS-1800 reservierten Frequenzbereich nur dann zugewiesen werden, wenn deren Teilnehmerkapazität nachweislich, unter Ausnutzung aller wirtschaftlich vertretbarer technischer möglicher Möglichkeiten ausgeschöpft ist.

"(3a) Der restliche für DCS-1800 reservierte Frequenzbereich ist derart zu verwerten, dass jedenfalls eine weitere Konzession mit einer bundesweiten Versorgungspflicht und darüber hinaus mehrere andere, nicht bundesweite Konzessionen vergeben werden sollen. Inhaber einer Konzession zur Erbringung des öffentlichen Sprachtelefondienstes mittels Mobilfunk sind von der Vergabe einer weiteren Konzession mit bundesweiter Versorgungspflicht im für DCS-1800 reservierten Frequenzbereich ausgeschlossen. Die Bewerbung um andere Konzessionen im Mobilfunkbereich steht ihnen jedoch frei. Diese dürfen von Inhabern einer bestehenden Konzession zur Erbringung des öffentlichen Sprachtelefondienstes mittels Mobilfunk erst ab dem in Abs. 3 erster Satz genannten Zeitpunkt für die Erbringung des Dienstes genutzt werden. Die Telekom-Controll-Kommission hat bei der Ausschreibung und Vergabe der Konzessionen die spezifischen Wettbewerbsregeln der Europäischen Gemeinschaften, insbesondere zur Sicherstellung des effektiven Wettbewerbs im Sinne des Art. 2 Abs. 4 der Richtlinie 96/2/EG zu beachten."

(Anmerkung: Abs. 3a wurde eingefügt durch BGBl. I Nr. 98/1998 und trat am 22.07.1998 in Kraft.)

(4) Zum Zeitpunkt des Inkrafttretens dieses Bundesgesetzes bestehende Bewilligungen, Konzessionen und Zulassungen bleiben aufrecht; Bewilligungen für Telekommunikationsnetze und Kabel-TV-Netze (Fernmeldeanlagen), die nunmehr bewilligungsfrei sind (§ 5), erlöschen mit Inkrafttreten dieses Bundesgesetzes.

(5) Werden zum Zeitpunkt des Inkrafttretens dieses Bundesgesetzes Telekommunikationsdienste erbracht, die bisher nur anzeigepflichtig waren in Hinkunft aber konzessionspflichtig sind, so dürfen diese Dienste noch bis 30. Juni 1998 ohne Konzession erbracht werden.

(6) Die Nutzung von Telekommunikationsnetzen zur Erbringung von öffentlichem Sprachtelefondienst über ein festes Netz ist erst ab 1. Jänner 1998 gestattet; dies gilt nicht für das Netz der PTA.

(7) Die Erbringung von öffentlichem Sprachtelefondienst über ein festes Netz ist bis 31. Dezember 1997 der PTA ohne Konzession vorbehalten. Konzessionen für die Erbringung ab dem 1. Jänner 1998 können ab dem Inkrafttreten dieses Bundesgesetzes erteilt werden.

(8) Bis zum Vorliegen der notwendigen Voraussetzungen für eine Ausschreibung gemäß § 28 hat die PTA den Universaldienst zu erbringen. Spätestens fünf Jahre nach Inkrafttreten dieses Bundesgesetzes ist erstmals zu überprüfen, ob die Voraussetzungen für eine Ausschreibung vorliegen.

(9) Bis zum Ablauf von drei Jahren nach Inkrafttreten dieses Bundesgesetzes hat jedenfalls die PTA bundesweite besondere Versorgungsaufgaben zu erbringen.

(10) Sofern auf Grund dieses Bundesgesetzes Gebühren, Beiträge und dergleichen zu entrichten sind, die bisher noch nicht vorgeschrieben waren, so sind diese erstmals im Jänner 1998 für den Zeitraum ab dem Inkrafttreten dieses Bundesgesetzes bis 31. Dezember 1997 vorzuschreiben. Bereits geleistete ähnliche Zahlungen, wie Konzessionsabgaben sind bei der Vorschreibung zu berücksichtigen.

(11) Die Funktionen der Regulierungsbehörde, ausgenommen jene gemäß § 111 Z 6, hat bis zum Ablauf von drei Monaten nach Inkrafttreten dieses Bundesgesetzes der Bundesminister für Wissenschaft und Verkehr wahrzunehmen. Sie gehen sodann auf die Regulierungsbehörde über.

(12) Bis zum 31. Dezember 1997 sind für Konzessionen, Bewilligungen und Zulassungen nach diesem Bundesgesetz die Gebühren nach den Bestimmungen des Fernmeldegebührengesetzes zu entrichten.

Verweisungen

§ 126. Verweisungen in diesem Bundesgesetz auf andere Bundesgesetze sind als Verweisungen auf die jeweils geltende Fassung zu verstehen.

Vollziehung

§ 127. (1) Mit der Vollziehung dieses Bundesgesetzes ist der Bundesminister für Wissenschaft und Verkehr betraut, sofern in Abs. 2 bis 5 nicht anderes bestimmt wird.

(2) Mit der Vollziehung der §§ 17 Abs. 1, 51 Abs. 2, 60 Abs. 1 und 2, 79 Abs. 2 und 112 Abs. 8 ist der Bundesminister für Wissenschaft und Verkehr im Einvernehmen mit dem Bundesminister für Finanzen betraut.

(3) Mit der Vollziehung des § 89 Abs. 3 ist der Bundesminister für Wissenschaft und Verkehr im Einvernehmen mit dem Bundesminister für Inneres und dem Bundesminister für Justiz betraut.

(4) Mit der Vollziehung der §§ 102 und 103 ist der Bundesminister für Justiz betraut.

(5) Mit der Vollziehung des § 107 Abs. 1 ist der Bundesminister für Inneres betraut.

Inkrafttreten

§ 128. (1) Dieses Bundesgesetz tritt, sofern in Abs. 2 nicht anderes bestimmt wird, mit 1. August 1997 in Kraft.

(2) Verordnungen auf Grund dieses Bundesgesetzes können bereits ab dem auf seine Kundmachung folgenden Tag erlassen werden; sie dürfen jedoch frühestens mit dem Inkrafttreten dieses Bundesgesetzes in Kraft gesetzt werden.

Bundesgesetz über Telekommunikationswege (Telekommunikationswegegesetz – TWG)

BGBl. Nr. 435/1929 idF BGBl. I Nr. 100/1997

Nutzungsrechte

Gegenstand und Umfang der Leitungsrechte

§ 1. (1) Die Leitungsrechte umfassen unbeschadet der nach sonstigen gesetzlichen Vorschriften zu erfüllenden Verpflichtungen das Recht

1. zur Errichtung, zur Erweiterung und zur Erhaltung von Telekommunikationslinien im Luftraum oder unter der Erde,

2. zur Anbringung und Erhaltung von Leitungsstützpunkten, Vermittlungseinrichtungen und sonstigen Leitungsobjekten und anderem Zubehör,

3. zur Einführung von Kabelleitungen in Gebäuden und sonstigen Baulichkeiten,

4. zum Betrieb der unter Z 1, 2 und 3 angeführten Anlagen sowie

5. zur Ausästung, worunter das Beseitigen von hinderlichen Baumpflanzungen und das Fällen einzelner Bäume verstanden wird, sowie zur Vornahme von Durchschlägen durch Waldungen.

(2) Den mit der Errichtung und Erhaltung der unter Abs. 1 Z 1, 2 oder 3 angeführten Anlagen betrauten Bediensteten ist das Betreten des Inneren von Gebäuden, dringende Notfälle ausgenommen, nur bei Tageszeit und nach vorheriger Anmeldung bei dem Hauseigentümer oder dessen Vertreter und nur insoweit gestattet, als es andere gesetzliche Vorschriften nicht verbieten.

(3) Inhabern einer Konzession zur Erbringung eines öffentlichen Telekommunikationsdienstes und anderen Anbietern öffentlicher Telekommunikationsdienste stehen Leitungsrechte an in fremdem Privateigentum stehenden Liegenschaften zu, sofern

1. deren widmungsgemäße Verwendung durch die Nutzung nicht oder nur unwesentlich dauernd eingeschränkt wird,

2. sich darauf keine durch ein Recht gesicherte unter § 1 Abs. 1 Z 1, 2 oder 3 angeführte Anlage befindet,

3. überwiegende öffentliche Rücksichten nicht im Wege stehen.

(4) Inhabern einer Konzession zur Erbringung eines öffentlichen Telekommunikationsdienstes stehen Leitungsrechte an öffentlichem Gut, wie Straßen, Fußwegen, öffentlichen Plätzen und dem darüberliegenden Luftraum, ausgenommen das öffentliche Wassergut, unentgeltlich zu, sofern überwiegende öffentliche Rücksichten nicht im Wege stehen. Unentgeltlichkeit im Sinne dieser Bestimmung betrifft nicht die im Zeitpunkt des Inkrafttretens dieses Bundesgesetzes bestehenden rechtlichen Grundlagen der Einhebung von Abgaben.

(5) Dem Inhaber einer Leitung oder Anlage, welche auf Grund eines durch ein anderes Gesetz gesicherten Rechtes errichtet und betrieben wird, stehen Leitungsrechte zu, sofern die widmungsgemäße Verwendung der belasteten Liegenschaft durch die Nutzung nicht dauerhaft zusätzlich eingeschränkt wird.

Mitbenutzungsrechte

§ 1a. Wer ein Wegerecht nach anderen Bundesgesetzen oder ein Leitungsrecht nach § 1 Abs. 3 oder 4 oder § 12 in Anspruch genommen hat, muss die Mitbenutzung der auf Grund dieser Rechte errichteten Anlage oder von Teilen derselben gestatten, soweit die Inanspruchnahme von öffentlichem Gut nicht möglich oder untunlich und die Mitbenutzung wirtschaftlich zumutbar und technisch vertretbar ist.

Benützung von Eisenbahngrund.

§ 2. (1) An Eisenbahnzwecken dienenden Liegenschaften können Leitungsrechte nach § 1 in Anspruch genommen werden, wenn hiedurch die Sicherheit und Regelmäßigkeit des Bahnbetriebes nicht gefährdet wird.

(2) Über die Zulässigkeit und die Bedingungen der im Absatz 1 erwähnten Benützung entscheidet die Eisenbahnbehörde (Bundesministerium für Handel und Verkehr) im Einvernehmen mit den beteiligten Bundesministerien. Hiebei bleiben die besonderen Vorschriften hinsichtlich der Genehmigung von Herstellungen auf Eisenbahngrund in Geltung.

(3) Die gesetzlichen, konzessions- und vertragsmäßigen Bestimmungen hinsichtlich der Herstellung von Telegraphenleitungen des Bundes auf Eisenbahngrundstücken werden durch dieses Bundesgesetz nicht berührt.

Ausästungen.

§ 3. (1) Ausästungen können nur in dem für die Errichtung und Instandhaltung der in § 1 Abs. 1 Z 1, 2 oder 3 angeführten Anlagen und zur Vermeidung von Betriebsstörungen unumgänglich notwendigen Umfange beansprucht werden. Durchschläge durch geschlossene Waldungen können von dem Berechtigten nur verlangt werden, wenn sich keine andere wirtschaftliche Möglichkeit der Leitungsführung ergibt und die Erhaltung und forstgemäße Bewirtschaftung des Waldes dadurch nicht gefährdet wird.

(2) Die Ausästungen und Durchschläge sind, insoweit zwischen den Beteiligten nicht ein Übereinkommen zustande kommt, auf Aufforderung des Berechtigten vom Belasteten (Verwaltung des benützten öffentlichen Gutes oder Eigentümer der benützten privaten Liegenschaft) in angemessener Frist vorzunehmen; bei Versäumnis der Frist oder bei Gefahr im Verzuge kann die Ausästung vom Berechtigten durchgeführt werden.

(3) Die Kosten der Ausästung und der Vornahme von Durchschlägen sind vom Berechtigten zu tragen.

Ausübung von Nutzungsrechten

§ 4. Bei Ausübung der Nutzungsrechte ist mit tunlichster Schonung der benützten Liegenschaften, der in Anspruch genommenen Anlagen und der Rechte Dritter sowie in möglichst wenig belästigender Weise vorzugehen. Insbesondere hat der Berechtigte während der Ausführung der Arbeiten auf seine Kosten für die tunlichste Aufrechterhaltung des bestimmungsgemäßen Gebrauches der benützten Liegenschaft zu sorgen und nach Beendigung der Arbeiten schleunigst einen klaglosen Zustand herzustellen. Auch ist auf andere bestehende oder genehmigte Arbeiten (Gas- oder Wasserleitungen, Kanalisationsanlagen u. s. w.) Rücksicht zu nehmen.

Verfügungsrecht der Belasteten.

§ 5. (1) Durch die Nutzungsrechte werden die Belasteten in der freien Verfügung über ihre Liegenschaften und Anlagen (Veränderung, Verbauung, Einbauten oder andere Maßnahmen, die die Inanspruchnahme der Liegenschaft für ein Leitungsrecht nach § 1 unzulässig erscheinen lassen) nicht behindert. Erfordert eine solche Verfügung die Entfernung oder Änderung einer fremden unter § 1 Abs. 1 Z 1, 2 oder 3 angeführten Anlage oder kann eine solche dadurch beschädigt werden, so hat der Belastete den Berechtigten spätestens vier Wochen vor Beginn der Arbeiten hievon zu verständigen. Der Berechtigte hat rechtzeitig die erforderlichen Vorkehrungen, gegebenenfalls auch die Entfernung oder Verlegung seiner unter § 1 Abs. 1 Z 1, 2 oder 3 angeführten Anlage auf eigene Kosten durchzuführen.

(2) Sollte hiezu die Frist von vier Wochen nicht genügen, so kann sie auf Antrag des Berechtigten in dem erforderlichen Ausmaße, höchstens jedoch um drei Monate, verlängert werden. Ein solcher Antrag ist binnen zweier Wochen nach Empfang der Anzeige des Belasteten einzubringen und dieser hievon gleichzeitig schriftlich zu verständigen.

(3) Wurde die Anzeige durch Verschulden des Anzeigepflichtigen nicht rechtzeitig erstattet und der Bestand oder Betrieb der unter § 1 Abs. 1 Z 1, 2 oder 3 angeführten Anlage durch die Maßnahmen des Anzeigepflichtigen geschädigt, so ist dieser zum Schadenersatz verpflichtet.

(4) Der Belastete ist ferner zum Schadenersatz verpflichtet, wenn er vorsätzlich durch eine unrichtige Anzeige die Entfernung oder Verlegung einer unter § 1 Abs. 1 Z 1, 2 oder 3 angeführten Anlage herbeigeführt hat oder wenn der Berechtigte binnen zweier Wochen nach Empfang der Anzeige eine andere Ausführung der beabsichtigten Veränderung, bei der die unter § 1 Abs. 1 Z 1, 2 oder 3 angeführten Anlage ohne Beeinträchtigung des angestrebten Zweckes hätte unverändert bleiben können, unter Anbot der Übernahme allfälliger Mehrkosten, die dem Belasteten erwachsen wären, vorgeschlagen hat und der Belastete darauf ohne triftigen Grund nicht eingegangen ist.

(5) Zur Entscheidung über derartige Schadenersatzansprüche sind die ordentlichen Gerichte zuständig.

Denkmal-, Heimat- und Naturschutz.

§ 6. Unter § 1 Abs. 1 Z 1, 2 oder 3 angeführte Anlagen sind in einer solchen Weise auszuführen, dass vom Standpunkte des Heimat- oder Naturschutzes wertvolle Orts- oder Landschaftsbilder in ihrer Eigenart oder Wirkung nicht erheblich beeinträchtigt werden; das Gleiche gilt hinsichtlich der Denkmale, soweit ihr Schutz nicht anderweitig durch gesetzliche Vorschriften geregelt ist.

Abgeltung, Ausgleich und Entschädigung

§ 6a. (1) Der Eigentümer oder sonst Nutzungsberechtigte einer gemäß § 1 Abs. 3 belasteten Liegenschaft ist durch eine einmalige Abgeltung zu entschädigen.

(2) Der gemäß § 1a Belastete ist durch einen angemessenen geldwerten Ausgleich zu entschädigen.

(3) Dem Eigentümer oder sonst Nutzungsberechtigten einer gemäß § 1 Abs. 5 belasteten Liegenschaft ist eine den zusätzlichen Diensten bzw. Nutzungskapazitäten angemessene Entschädigung zu zahlen.

Verlegung in den Boden

§ 7. Die Berechtigten sind mit Ausnahme des Falles gemäß § 1 Abs. 5 verpflichtet, nach Maßgabe der technischen Möglichkeiten und unter Abwägung der wirtschaftlichen Bedingungen ihre Telekommunikationslinien in den Boden zu verlegen, wenn sich der Grundeigentümer oder sonst Nutzungsberechtigte gegen eine Verlegung im Luftraum über seinem Grund ausspricht.

Wirksamkeit von Nutzungsrechten

§ 8. (1) Die Nutzungsrechte gehen samt den mit ihnen verbundenen Verpflichtungen kraft Gesetzes auf den jeweiligen Eigentümer der unter § 1 Abs. 1 Z 1, 2 oder 3 angeführten Anlage über, für die sie geltend gemacht worden sind.

(2) Sie sind gegen jeden Besitzer der in Anspruch genommenen Liegenschaft oder Telekommunikationslinie wirksam.

(3) Die Leitungsrechte bilden keinen Gegenstand grundbücherlicher Eintragung, ihre Ausübung begründet keinen Ersitzungs- oder Verjährungstitel.

Verständigung

§ 9. (1) Bei der Geltendmachung des Leitungsrechtes an öffentlichem Gute hat der Leitungsberechtigte den beteiligten Verwaltungen einen Plan samt Beschreibung zu übermitteln, aus dem die geplante Trasse sowie die Lage und Beschaffenheit der herzustellenden Stützpunkte und sonstigen Objekte zu entnehmen sein muss.

(2) Werden Leitungsrechte an fremden privaten Liegenschaften geltend gemacht, so hat der Leitungsberechtigte den Eigentümern erforderlichenfalls unter Beigabe einer Planskizze die auf ihren Liegenschaften beabsichtigten Herstellungen bekannt zu geben. Bestehen auf den in Anspruch genommenen Liegenschaften andere Anlagen, so ist gegenüber ihren Unternehmern in gleicher Weise vorzugehen.

(2a) Werden Mitbenutzungsrechte geltend gemacht, so hat der Berechtigte den Eigentümern die beabsichtigte Inanspruchnahme bekannt zu geben. Bestehen an der in Anspruch genommenen Telekommunikationslinie andere Mitbenutzungsrechte, so ist gegenüber den Berechtigten in gleicher Weise vorzugehen.

(3) Die Verständigungen haben stets einen Hinweis auf die Bestimmungen dieses Bundesgesetzes und eine wörtliche Wiedergabe der Vorschriften des § 10, Absätze 1 und 2, zu enthalten.

(4) Zuspannungen in bestehender Trasse, die keine neuen Leitungsstützpunkte erfordern, unterliegen diesem Verfahren nicht.

Einwendungen

§ 10. (1) Innerhalb eines Zeitraumes von zwei Wochen nach Zustellung der Verständigung können bei der Stelle, von der das Nutzungsrecht geltend gemacht wird, Einwendungen gegen die Geltendmachung des Nutzungsrechtes erhoben werden. Werden keine rechtzeitigen Einwendungen erhoben, so ist das Nutzungsrecht zustande gekommen und der Belastete verpflichtet, den Bau der beabsichtigten Anlage zuzulassen oder die Mitbenutzung zu gestatten.

(2) Die Einwendungen können nur darauf gestützt werden, dass das geltend gemachte Nutzungsrecht gegen dieses Bundesgesetz verstößt oder den nach diesem Bundesgesetz zulässigen Umfang überschreitet. Die Punkte, hinsichtlich deren die Gesetzwidrigkeit oder Überschreitung behauptet wird, sind einzeln zu bezeichnen.

(3) Solange über die Einwendungen nicht entschieden ist, darf der Bau der beabsichtigten Anlage nicht in Angriff genommen und die in Anspruch genommene Telekommunikationslinie nicht mitbenutzt werden.

(4) Insoweit der Berechtigte die Einwendungen für begründet erachtet, hat er unverzüglich die entsprechende Änderung der geplanten Herstellung oder Inanspruchnahme vorzusehen und den, der die Einwendungen erhoben hat, zu verständigen.

(5) Hält der Berechtigte die Einwendungen für nicht begründet, so hat er unter Begründung seines Standpunktes die Behörde zur Entscheidung anzurufen.

(6) Sofern es für die Entscheidung für notwendig erachtet wird, jedenfalls aber, wenn sich die Einwendungen auf den Mangel der baulichen Eignung eines Gebäudes oder einer sonstigen Baulichkeit zur Aufnahme des Leitungsobjektes gründen, hat vor Fällung der Entscheidung unter Zuziehung beider Teile eine mündliche Verhandlung stattzufinden.

Abgekürztes Verfahren in Notfällen.

§ 11. (1) Wenn infolge von Elementarereignissen oder Verfügungen nach § 5 zur Behebung oder Abwendung einer Unterbrechung einer unter § 1 Abs. 1 Z 1, 2 oder 3 angeführten Anlage die sofortige Geltendmachung von Leitungsrechten an öffentlichem Gute oder an fremden privaten Liegenschaften nötig wird, so sind ohne Übermittlung von Plänen die zu Belastenden von der beabsichtigten Inanspruchnahme ihrer Liegenschaft und von der Fertigstellung der Anlage unter Hinweis auf die einschlägigen Bestimmungen dieses Bundesgesetzes zu verständigen.

(2) Die Verständigung über die Fertigstellung der Anlage hat binnen einer Woche zu erfolgen und anzugeben, ob die Inanspruchnahme dauernd oder vorübergehend sein soll.

(3) Binnen zweier Wochen nach Zustellung der Verständigung über die Fertigstellung der Anlage können bei der Stelle, von der das Leitungsrecht geltend gemacht wird, Einwendungen erhoben werden, die sofort zur Entscheidung vorzulegen sind.

(4) Wird den Einwendungen ganz oder teilweise Folge gegeben, so ist die entsprechende Änderung oder Verlegung der unter § 1 Abs. 1 Z 1, 2 oder 3 angeführten Anlage vom Leitungsberechtigten sofort durchzuführen.

II. Enteignung.

Zulässigkeit der Enteignung

§ 12. (1) Liegt die Errichtung einer Telekommunikationslinie oder einer öffentlichen Sprechstelle im öffentlichen Interesse und führt die Inanspruchnahme von Nutzungsrechten nicht oder nur mit unverhältnismäßigen Mitteln zum Ziel, ist eine Enteignung zulässig.

(2) Die Errichtung einer Telekommunikationslinie oder einer öffentlichen Sprechstelle durch einen Konzessionsinhaber gilt jedenfalls als im öffentlichen Interesse gelegen.

Gegenstand und Umfang der Enteignung.

§ 13. (1) Die Enteignung hat regelmäßig in der Bestellung einer entsprechenden Dienstbarkeit zu bestehen. Bei unverbauten Liegenschaften hat jedoch der Enteignungsberechtigte auf Verlangen des zu Enteignenden die zu belastende Grundfläche in sein Eigentum gegen angemessene Entschädigung zu übernehmen.

(2) Würde durch die Enteignung eines Teiles eines Grundstückes dieses für den Eigentümer die zweckmäßige Benützbarkeit verlieren, so ist auf sein Verlangen das ganze Grundstück abzulösen.

Enteignungsverfahren.

§ 14. Für die Durchführung der Enteignung und die Bemessung der vom Enteignungsberechtigten zu leistenden Entschädigung sind die Bestimmungen des Bundesstraßengesetzes 1971, BGBl. Nr. 286/1971, sinngemäß anzuwenden. Zur Enteignung von Liegenschaften, die dem öffentlichen Eisenbahn- oder Luftverkehr dienen, ist die Zustimmung der Eisenbahn- oder Luftfahrtbehörde erforderlich.

III Festsetzung von Abgeltung und Ausgleich

Festsetzung von Abgeltung und Ausgleich

§ 15. (1) Kommt über die Höhe einer auf Grund des § 6a zu leistenden Abgeltung oder eines Ausgleiches keine Einigung der Beteiligten zustande, entscheidet hierüber die Behörde.

(2) Die Höhe der Abgeltung oder des Ausgleiches ist auf Grund der Schätzung eines beeideten Sachverständigen im Bescheid gemäß § 10 Abs. 5 oder in einem gesonderten Bescheid zu bestimmen.

(3) Jede der Parteien kann binnen drei Monaten ab Erlassung des die Abgeltung oder den Ausgleich bestimmenden Bescheides die Festsetzung des Betrages bei jenem Bezirksgericht begehren, in dessen Sprengel sich der Gegenstand des Nutzungsrechtes befindet. Der Bescheid der Behörde tritt hinsichtlich des Ausspruchs über die Abgeltung oder den Ausgleich mit Anrufung des Gerichtes außer Kraft. Der Antrag an das Gericht auf Festsetzung der Abgeltung oder des Ausgleichs kann nur mit Zustimmung der anderen Parteien zurückgezogen werden.

IV. Gemeinsame Bestimmungen

§ 16. (Anm.: aufgehoben durch BGBl. I Nr. 100/1997)

Schadenshaftung bei Nutzungsrechten und Dienstbarkeiten

§ 17. (1) Die Berechtigten haften für alle vermögensrechtlichen Nachteile, die durch die Inanspruchnahme und Ausübung von Nutzungsrechten, insbesondere durch die Errichtung, Instandhaltung, Abänderung, Beseitigung oder den Betrieb der unter § 1 Abs. 1 Z 1, 2 oder 3 angeführten Anlagen dem Belasteten entstehen, es sei denn, dass der Schaden von ihm selbst schuldhaft verursacht wurde. Als Belasteter gilt auch der Besitzer von Bergwerksverleihungen (§ 41 a. B. G.), insoweit ihm ein Benützungsrecht an einer durch ein Leitungsrecht in Anspruch genommenen Liegenschaft zusteht.

(2) Bei Ermittlung der Entschädigung ist auch auf die Nachteile Rücksicht zu nehmen, die Nutzungsberechtigte, Gebrauchsberechtigte und Bestandnehmer erleiden und deren Vergütung dem Belasteten obliegt.

(3) Die gleiche Ersatzpflicht gilt bei unter § 1 Abs. 1 Z 1, 2 oder 3 angeführten Anlagen, für die durch Enteignung eine Dienstbarkeit begründet wurde, bezüglich der Schäden, auf die nicht schon bei Festsetzung der Entschädigung für die Enteignung Bedacht genommen wurde.

(4) Die Ersatzansprüche sind bei sonstigem Verluste von dem Belasteten innerhalb von sechs Monaten von dem Tage an, an dem ihm der Schaden bekannt geworden ist, im ordentlichen Rechtswege geltend zu machen.

Behörden

§ 18. (1) Behörden sind der Bundesminister für Wissenschaft und Verkehr sowie die ihm unterstehenden Fernmeldebüros.

(2) Für die in diesem Bundesgesetz vorgesehenen Amtshandlungen ist, sofern nicht anderes bestimmt ist, das örtlich in Betracht kommende Fernmeldebüro zuständig.

(3) Der Bundesminister für Wissenschaft und Verkehr ist zuständig für die Entscheidung über Rechtsmittel gegen Bescheide der Fernmeldebüros.

Eigener Wirkungsbereich der Gemeinde

§ 18a. Das der Gemeinde gemäß § 7 zustehende Antragsrecht wird von der Gemeinde im Rahmen des eigenen Wirkungsbereiches wahrgenommen.

V. Übergangs- und Schlussbestimmungen.

Verweisungen

§ 19. Verweisungen in diesem Bundesgesetz auf andere Bundesgesetze sind als Verweisungen auf die jeweils geltende Fassung zu verstehen.

§ 20. (1) Mit der Vollziehung dieses Bundesgesetzes mit Ausnahme des § 5, Absatz 3, 4 und 5, und des § 17 ist der Bundesminister für Wissenschaft und Verkehr betraut, der erforderlichenfalls mit den beteiligten Bundesministern das Einvernehmen zu pflegen hat.

(2) Mit der Durchführung des § 5, Absatz 3, 4 und 5, und des § 17 ist der Bundesminister für Justiz betraut.

SpringerRecht

JRP Journal für Rechtspolitik

Herausgeber
Heinz Fischer, Bernd-Christian Funk, Rudolf Machacek, Roland Miklau,
Heinrich Neisser, Alfred J. Noll, Anton Pelinka, Manfried Welan
in Zusammenarbeit mit der Österreichischen Parlamentarischen Gesellschaft

Schriftleitung
Michael Holoubek, Georg Lienbacher

Im vierteljährlich erscheinenden **JRP Journal für Rechtspolitik** werden aktuelle politische Themen wissenschaftlich aufbereitet, um so eine Grundlage für rechtspolitische Entscheidungen bzw. für eventuell weiterführende Diskussionen zu liefern.
Jedes Heft enthält die Rubrik **Forum**, in der zu aktuellen rechtpolitisch relevanten Themen Diskussionsbeiträge oder Stellungnahmen aufgenommen werden.
In der Rubrik **Abhandlungen** werden Aufsätze mit eingehenden rechtsdogmatischen Erörterungen veröffentlicht. Sie bereiten u.a. die rechtspolitische und rechtsdogmatische Diskussion auf.

Jedes Heft enthält einen **Rezensionsteil**, der in zwei Rubriken gegliedert ist:
• unter Buchrezensionen werden ausführliche Besprechungen rechtspolitischer, rechtsdogmatischer, politikwissenschaftlicher, soziologischer und anderer relevanter Literatur aufgenommen
• unter Buchanzeigen werden Kurzinformationen über Neuerscheinungen, die den Entwicklungsstand der einzelnen Rechtsgebiete dokumentieren (Lehrbücher, Kommentare, Gesetzesausgaben: österreichisches und EU-Recht), veröffentlicht

In jedem Heft findet sich weiters ein **Dokumentationsteil**:
• unter Dokumentation-Europa wird über wichtige Rechtssetzungsvorhaben auf EU-Ebene und insbesondere auch über Tätigkeiten der EU-Organe berichtet
• unter Dokumentation-Österreich werden wichtige Gesetzgebungsvorhaben (Ministerialentwürfe, Regierungsvorlagen, Initiativanträge) mit einer kurzen Inhaltsangabe dargestellt

2000. Band 8 (4 Hefte):
öS 1.435,–, DM 204,–, zzgl. Versandkosten. Vorzugspreise bei Bezug direkt vom Verlag:
für Studenten (mit Berechtigungsschein): öS 1.148,–, zzgl. Versandkosten (ca. 20% Rabatt)
für Gerichte bei Sammelbestellungen: öS 1.292,–, zzgl. Versandkosten (ca. 10% Rabatt)
für Abonnenten der Juristischen Blätter: öS 718,–, zzgl. Versandkosten (ca. 50% Rabatt)
ISSN 0943-4011, Titel-Nr. 730

Inhaltsverzeichnisse und Abstracts finden Sie
online unter: **www.springer.at/journrechtspol**

A-1201 Wien, Sachsenplatz 4–6, P.O.Box 89, Fax +43.1.330 24 26, e-mail: books@springer.at, Internet: **www.springer.at**
D-69126 Heidelberg, Haberstraße 7, Fax +49.6221.345-229, e-mail: orders@springer.de
USA, Secaucus, NJ 07096-2485, P.O. Box 2485, Fax +1.201.348-4505, e-mail: orders@springer-ny.com
Eastern Book Service, Japan, Tokyo 113, 3–13, Hongo 3-chome, Bunkyo-ku, Fax +81.3.38 18 08 64, e-mail: orders@svt-ebs.co.jp

SpringerRecht

Bernhard Raschauer

Allgemeines Verwaltungsrecht

1998. XVII, 707 Seiten.
Broschiert öS 870,–, DM 124,–
ISBN 3-211-83067-7
Springers Kurzlehrbücher der Rechtswissenschaft

Umfassend werden die Gemeinsamkeiten an Begriffen, Institutionen und Grundsätzen, die für das Verständnis des geltenden Verwaltungsrechts von Bedeutung sind, in diesem Lehrbuch des „Allgemeinen Verwaltungsrechts" dargestellt. Es berücksichtigt erstmals auch ausführlich die durch die Mitgliedschaft in der Europäischen Union bedingten Auswirkungen auf das österreichische Recht.

In der Darstellung zeichnet es sich durch die verständliche Sprache eines Lehrbuches aus und wird durch ein umfangreiches Sachverzeichnis erschlossen. Um auch den Bedürfnissen der Praxis gerecht zu werden, berücksichtigt es die Perspektive des Verwaltungsbediensteten, der Handlungsanleitungen sucht, und bietet überdies umfangreiche Literatur- und Judikaturbelege.

„... Wer immer sich – ohne Gefahr zu laufen, in einer Fülle von Details unterzugehen – auf dem Gebiet des Allgemeinen Verwaltungsrechts weiterbilden (und ‚nachschulen') will, der wird Raschauers ‚Allgemeines Verwaltungsrecht' nicht bloß im Einzelfall bei Bedarf zu Nachschlagezwecken verwenden, sondern er wird dieses Buch zunächst einmal als Ganzes lesen – er wird daraus sehr großen Gewinn ziehen (und auch Vergnügen schöpfen)."
Österreichisches Anwaltsblatt

„... Das Buch bietet einen ausgezeichneten Über- und Einblick in das Verwaltungsrecht und eignet sich somit zum Nachschlagewerk genauso gut wie zum Lehrbuch."
Finanz-Journal

„... Raschauer reiht sich mit seinem Lehrbuch würdig in die Reihe der großen österreichischen Verwaltungsrechtslehrer ein, wobei besonders das ausgeprägte didaktische Geschick beeindruckt, mit dem er selbst besonders spröde Passagen des Verwaltungsrechts schmackhaft zu machen versteht ... Das Lehrbuch Raschauers stellt nicht nur eine große Bereicherung für unseren Nachbarn Österreich, sondern auch für die deutsche Verwaltungsrechtswissenschaft dar."
Die öffentliche Verwaltung

„... Man muß es unbedingt lesen, auch die Gemeinverständlichkeit von Raschauers Stil ist ein Anreiz hiezu. Und man wird immer wieder nachblättern, wenn man mit einer ins Grundsätzliche reichende Rechtsfrage beschäftigt ist."
Die Gemeinde

SpringerWienNewYork

A-1201 Wien, Sachsenplatz 4–6, P.O.Box 89, Fax +43.1.330 24 26, e-mail: books@springer.at, Internet: **www.springer.at**
D-69126 Heidelberg, Haberstraße 7, Fax +49.6221.345-229, e-mail: orders@springer.de
USA, Secaucus, NJ 07096-2485, P.O. Box 2485, Fax +1.201.348-4505, e-mail: orders@springer-ny.com
Eastern Book Service, Japan, Tokyo 113, 3–13, Hongo 3-chome, Bunkyo-ku, Fax +81.3.38 18 08 64, e-mail: orders@svt-ebs.co.jp

SpringerRecht

Ludwig K. Adamovich, Bernd-Christian Funk, Gerhart Holzinger

Österreichisches Staatsrecht

Band 1: Grundlagen
1997. XX, 343 Seiten.
Broschiert öS 560,–, DM 80,–
ISBN 3-211-82977-6
Springers Kurzlehrbücher der Rechtswissenschaft

„... Es versteht sich von selbst, daß dieses hervorragende Lehrbuch in keiner juristischen Bibliothek fehlen darf."
Die Versicherungsrundschau

„... Insgesamt entsprechen die anerkannten Autoren höchsten Qualitätsstandard an Zuverlässigkeit und Verständlichkeit."
ÖHW – Das öffentliche Haushaltswesen in Österreich

„... sind Anschaffung und genaues Lesen des Buches dringend zu empfehlen; es ist – in den Einzelheiten – eine neue Rechtswelt für den in den herkömmlichen Bahnen des österreichischen Verfassungsrechts erzogenen Juristen ... Als Gesamtwerk gewiß ein großer Wurf!"
Die Gemeinde

„... Die verständliche Sprache, die hervorragende Gliederung des Stoffes und das ausführliche Sachverzeichnis in Verbindung mit höchstem wissenschaftlichen Anspruch werden Studenten wie auch Praktiker zu diesem Band ebenso gerne greifen lassen wie zu den früheren Lehrbüchern der Autoren."
Die gewerbliche Genossenschaft

Band 2: Staatliche Organisation
1998. XIX, 352 Seiten.
Broschiert öS 590,–, DM 84,–
ISBN 3-211-83185-1
Springers Kurzlehrbücher der Rechtswissenschaft

„... ein Lehrbuch vom Feinsten ..."
Salzburger Nachrichten

„... Ein Lehrbuch, das juristische Substanz mit Lesbarkeit verbindet, etwas sehr Schwieriges, das aber hier gelungen ist."
Die Gemeinde

Setpreis bei Abnahme der Bände 1 und 2:
öS 980,–, DM 140,–. Set-ISBN 3-211-83242-4

SpringerWienNewYork

A-1201 Wien, Sachsenplatz 4–6, P.O.Box 89, Fax +43.1.330 24 26, e-mail: books@springer.at, Internet: **www.springer.at**
D-69126 Heidelberg, Haberstraße 7, Fax +49.6221.345-229, e-mail: orders@springer.de
USA, Secaucus, NJ 07096-2485, P.O. Box 2485, Fax +1.201.348-4505, e-mail: orders@springer-ny.com
Eastern Book Service, Japan, Tokyo 113, 3–13, Hongo 3-chome, Bunkyo-ku, Fax +81.3.38 18 08 64, e-mail: orders@svt-ebs.co.jp

SpringerRecht

Besonderes Verwaltungsrecht

herausgegeben von Susanne Bachmann, Rudolf Feik, Karim J. Giese, Winfried Ginzinger, Wolf-Dietrich Grussmann, Dietmar Jahnel, Mario Kostal, Gerhard Lebitsch, Georg Lienbacher

Zweite, neubearbeitete Auflage
1998. XXVIII, 434 Seiten.
Broschiert öS 620,–, DM 89,–
ISBN 3-211-83186-X
Springers Kurzlehrbücher der Rechtswissenschaft

Das Lehrbuch enthält folgende Auswahl wichtiger Kapitel des Besonderen Verwaltungsrechts: Sicherheitspolizeirecht, Vereinsrecht, Versammlungsrecht, Staatsbürgerschaftsrecht, Paßrecht, Fremdenrecht, Melderecht, Gewerberecht, Wasserrecht, Forstrecht, Denkmalschutzrecht, Kraftfahrrecht, Straßenpolizeirecht, Straßenrecht, Abfallwirtschaftsrecht, Raumordnungsrecht, Baurecht, Grundverkehrsrecht, Naturschutzrecht, Veranstaltungsrecht.

Die Kapitel werden einheitlich strukturiert, komprimiert und leicht lesbar dargestellt und sind nach einem einheitlichen Gliederungskonzept systematisch bearbeitet. Dabei wird das Ziel verfolgt, die ausgewählten Rechtsgebiete im Gefüge der Gesamtrechtsordnung darzustellen und den Regelungsgegenstand, die Regelungsziele, die Rechtsinstitute bzw. rechtlichen Instrumente aufzuzeigen, die der jeweilige Gesetzgeber verwendet hat.

Es wurde versucht, soweit wie möglich auf die Prüfungs- und Lehrsituation an allen Universitäten in Österreich einzugehen, weshalb bei den landesrechtlichen Materien vor allem die Gemeinsamkeiten bzw. Unterschiede zwischen den Bundesländern herausgearbeitet wurden.

Das Buch soll aber nicht nur den Studenten als Lernbehelf dienen, sondern auch die Funktion eines Nachschlagewerks für den Praktiker erfüllen. Deshalb werden zu Beginn jedes Kapitels die innerstaatlichen und europäischen Rechtsgrundlagen möglichst umfassend aufgelistet.

Auf die Darstellung der aktuellen verfassungs- und europarechtlichen Bezüge in den einzelnen Kapiteln wurde besonders Wert gelegt. Ein Glossar immer wiederkehrender Begriffe, Institute und Institutionen des Verwaltungsrechts im Anhang ermöglicht das Lesen und Verstehen der einzelnen Beiträge ohne ständiges Nachschlagen in anderen Werken. Die Rechtslage wurde bis zum 1. Juli 1998 eingearbeitet. Die 2. Auflage berücksichtigt die teils grundlegenden Änderungen in den einzelnen Rechtsgebieten.

„... besticht ... trotz der Vielzahl der Autoren und trotz des verschiedenen Aufbaus der einzelnen Gesetzesmaterialen - durch eine einheitliche Systematik ... in bester und umfangmäßig plausibler Weise, eine Hilfestellung für Studium und Praxis ..."
Recht der Umwelt

„... Die bereits ... ausgesprochene vorbehaltlose Empfehlung ist mit Überzeugung zu wiederholen."
Die Gemeinde

SpringerWienNewYork

A-1201 Wien, Sachsenplatz 4–6, P.O.Box 89, Fax +43.1.330 24 26, e-mail: books@springer.at, Internet: **www.springer.at**
D-69126 Heidelberg, Haberstraße 7, Fax +49.6221.345-229, e-mail: orders@springer.de
USA, Secaucus, NJ 07096-2485, P.O. Box 2485, Fax +1.201.348-4505, e-mail: orders@springer-ny.com
Eastern Book Service, Japan, Tokyo 113, 3–13, Hongo 3-chome, Bunkyo-ku, Fax +81.3.38 18 08 64, e-mail: orders@svt-ebs.co.jp

SpringerRecht

Bruno Binder

Wirtschaftsrecht

Systematische Darstellung

Zweite, überarbeitete und aktualisierte Auflage
1999. XXI, 535 Seiten.
Broschiert öS 870,–, DM 124,–
ISBN 3-211-83302-1
Springers Kurzlehrbücher der Rechtswissenschaft

Ein päziser und aktueller Überblick über Themen, Regelungen und Probleme der österreichischen Wirtschaftsordnung: Das österreichische Wirtschaftsrecht wird als System unter Berücksichtigung der Währungsunion und des Vertrages von Amsterdam, also mit Stand 1999, dargestellt.

Der Schwerpunkt dabei liegt auf dem öffentlichen Wirtschaftsrecht, die Bezüge zu anderen Rechtsbereichen sind umfassend berücksichtigt. Der Autor arbeitet das Recht der Europäischen Union ein und zeigt die internationalen Verflechtungen.

Die gegenüber der ersten Auflage stark erweiterten und aktualisierten Literatur- und Judikaturzitate ermöglichen die weiterführende Vertiefung in die Materie, ein umfangreiches Stichwortverzeichnis erleichtert den Zugang zu den vielfältigen Einzelthemen des Wirtschaftsrechts.

„Von Bruno Binder stammt die für Praxis und Theorie gleichermaßen mit Gewinn verwendbare, systematische Darstellung ..."
Der Standard

„... Alle Themen werden sehr ausführlich und kompetent behandelt. Der Leser findet Antworten auf alle einschlägigen Fragen ... Sehr beeindruckend!"
Der Gesellschafter

„... Dieser Grundriß gibt einen raschen umfassenden Überblick und eignet sich sowohl für die Praxis als auch für Studierende"
Finanz-Journal

„... Bruno Binder ist mit seiner zweiten Auflage des Wirtschaftsrechts ein großer Wurf gelungen. Das Buch wird nicht nur der wissenschaftlichen Diskussion in diesem Bereich eine Stütze sein, sondern unverzichtbar für jeden, der im Bereich Wirtschaftsrecht arbeitet."
Internationale Wirtschaft – IW

„... Wegen seiner Reichhaltigkeit kann das Buch als eine Art Lexikon des derzeit geltenden österreichischen Wirtschaftsrechts benutzt werden ... Ein umfangreiches Stichwortverzeichnis erleichtert den Zugang zu den vielfältigen Einzelthemen in diesem Buch, das in jedem Gemeindeamt greifbar sein sollte."
Monatszeitschrift für kommunale Arbeit in Stadt und Land

SpringerWienNewYork

A-1201 Wien, Sachsenplatz 4–6, P.O.Box 89, Fax +43.1.330 24 26, e-mail: books@springer.at, Internet: **www.springer.at**
D-69126 Heidelberg, Haberstraße 7, Fax +49.6221.345-229, e-mail: orders@springer.de
USA, Secaucus, NJ 07096-2485, P.O. Box 2485, Fax +1.201.348-4505, e-mail: orders@springer-ny.com
Eastern Book Service, Japan, Tokyo 113, 3–13, Hongo 3-chome, Bunkyo-ku, Fax +81.3.38 18 08 64, e-mail: orders@svt-ebs.co.jp

*Springer-Verlag
und Umwelt*

ALS INTERNATIONALER WISSENSCHAFTLICHER VERLAG sind wir uns unserer besonderen Verpflichtung der Umwelt gegenüber bewußt und beziehen umweltorientierte Grundsätze in Unternehmensentscheidungen mit ein.

VON UNSEREN GESCHÄFTSPARTNERN (DRUCKEREIEN, Papierfabriken, Verpackungsherstellern usw.) verlangen wir, daß sie sowohl beim Herstellungsprozeß selbst als auch beim Einsatz der zur Verwendung kommenden Materialien ökologische Gesichtspunkte berücksichtigen.

DAS FÜR DIESES BUCH VERWENDETE PAPIER IST AUS chlorfrei hergestelltem Zellstoff gefertigt und im pH-Wert neutral.